岩波現代文庫
文芸 69

行方昭夫

英文快読術

岩波書店

THE YEAR OF THE GREYLAG GOOSE by Konrad Lorenz

First published 1978 by Editions Stock, Paris, and the English edition published 1979 by Harcourt Brace & Company, New York by the translation of Robert Martin.

The reprint rights in the English translation arranged with Harcourt Brace & Company, New York, through Tuttle-Mori Agency, Tokyo, and the Japanese translation rights arranged with Beatrice Lorenz, Allemagne, through Tuttle-Mori Agency, Tokyo.

"At the River-Gates" from THE SHADOW-CAGE AND OTHER TALES OF THE SUPERNATURAL by Philippa Pearce

Copyright © 1977. First published in Great Britain by Viking Children's Books, London. English-Japanese bilingual anthology rights arranged with Penguin Books Ltd, London through Tuttle-Mori Agency, Tokyo.

Introductory essay by Ursula K. Le Guin to ISHI IN TWO WORLDS by Theodore Kroeber

English-Japanese bilingual anthology rights arranged with Virginia Kidd, principal agent for Ursula K. Le Guin, Milford.

THE SUMMING UP by Somerset Maugham

English-Japanese bilingual anthology rights arranged with the Royal Literary Fund c/o A. P. Watt Limited, London through Tuttle-Mori Agency, Tokyo.

はじめに

　英文を読む楽しみをひとりでも多くの人と分かちあいたいという気持で本書を書いた．だれでも，中学校に入って生まれてはじめて正式に英語を習い出した時にはずいぶん高揚した気分を味わったはずである．中学入学の喜びの中で最大のものではないだろうか．その後さまざまな事情で(本書の第1章に詳しい)色あせてしまったこの喜びをよみがえらせたいと切望している人は多いと思う．その手助けをしたいという願いをこめて本書を書いたのである．

　書名は「英文快読術」と定めた．中学一年以後数年のうちに英語は灰色の受験科目と化し，その学習が苦しみとしか思えなかった体験を持つ人にとって「快読」という語は奇異に映るかもしれない．私が気恥ずかしい気持を抑え，あえてこのような書名を選んだのは，眼光紙背に徹するまで英文を解読すれば，この上なく大きな喜びが得られると信じるからである．英語の表現の字面だけを追い，英語と日本語の間に一対一の対応があるかのような読み方をしていたのでは楽しみは味わえない．けれども，もっと精密に読み，次第に書き手の息遣いまで察知できるようになると，もやが晴れて，それまでぼんやり隠れていた山頂が突然目前にせまってくるように，英文がくっきり見えてくるものである．英文がこんなによく分かってぞくぞくするほど楽しいという段階に達することを最終的な目標にして，そこに至るのに必要な手段や学習

はじめに

法や教材などを考えられる限りすべて公開してみた．また最終段階に至るまでの道程でも，面白さや楽しさをできるだけ多く味わえるような助言をあれこれと提供したつもりである．高校上級から社会人までの読者が本書をじっくり読み，さまざまなヒントを活用してくだされば，かならず快読の境地に達しうると確信する．

英語に熱いまなざしを寄せる人たちのエネルギーが正しく導かれればきっとすばらしい成果を生むはずだし，そうあるべきだという信念を私は持っている．そのために，私の30年に及ぶ大学での英語教育，翻訳と注釈の仕事，英語雑誌での英文解釈指導の体験から得られたノウ・ハウのすべてを総動員して効率的な学習法を模索した．大学でテキストとして用いた教材に書きこんだ多数のメモを再検討して，学習者がどういう所でつまづくのか，どういう所がわかりにくいのかを洗い出してみた．また私自身の英語の学習・教育の過程での嬉しかったこと，失敗して恥をかいたことなども，思い出せるだけ思い出して読者の参考に供することにした．

まず第1章では，日本人と英語が今どのような関係にあるかを考えてみた．学習意欲の強さのわりには実力がさほど伸びない事情を分析し，普通の日本人の持つ「読む実力」は英米人と比べてどれくらい差があるのかを検討した．それを受けて第2章では，まず基本となる英語力をどのようにして向上させられるかを考えた．ここでの中心はretold版の活用であり，具体的にイギリスで大量に出版されていて日本でも入手できるシリーズを紹介した．基礎力をつけて平易な英文を読むのに慣れた後，第3章では少しレベルの高い英

はじめに

文を正しく理解するための 12 のヒントを用意した．例文はだいたい現代の英米の雑誌記事やエッセイ，文学作品から拾ったが，いずれの場合も可能な限り引用箇所の前後の文章も紹介し，文脈の大事さが納得できるように配慮した．12 のヒントは普通の参考書に出ているものもあるけれども説明の仕方に新味を加えてある．また本書ではじめて取り上げられたヒントがいくつもある．この第 3 章は本書の中核をなす部分であり，ていねいに繰り返し読んでいただければ，きっと大いに役に立つだろうと信じている．快読に至るための必須の 12 のステップと考えてもよい．

第 4 章は翻訳術入門になっている．私は正しい英文解釈から翻訳への距離は比較的近いと考えるので，とくに翻訳のためのヒントは挙げなかったが，第 3 章の 12 のヒントがそのまま役立つはずである．第 5 章の原文に添えた私の試訳も参考にしていただけると思う．なお第 3 章と第 4 章に挙げた例文の中には，ややむずかしいものもあるかもしれない．そのような場合には，無理をせず第 5 章の学習で実力をつけてから，再度挑戦してほしい．むずかしいと言っても，一部の入試問題のように非常識なほどむずかしいわけではないし，ある程度むずかしい例文を徹底的に勉強して頭に入れておくと，将来むずかしい英文に出会った際にあわてずに済むので好都合でもある．

第 5 章ではそれまでに学んだすべてのノウ・ハウを最大限に生かして，長いまとまった中味の濃い文章を 4 篇読破してみる．これらの 4 篇は今世紀に書かれた英米の膨大な散文（翻訳も含めて）の中から，英語の文体・内容の点で本書

はじめに

の目的に最適と考えられるものを，編集部とも相談の末，慎重に選び抜いたものである．現代の生きのよい文章ばかりであり，読者の英文快読術の成果のほどを力試しするのに好個の文章だと思う．動物行動学の第一人者ローレンツ博士のハイイロガンのユーモラスな雌雄関係についての観察の文章，今世紀児童文学の傑作『トムは真夜中の庭で』の著者ピアスの短篇，『ゲド戦記』のル゠グウィンが亡母の著書『イシ——北米最後の野生インディアン』に寄せた最新の序文，モームの人間観を端的に示すエッセイ『サミング・アップ』——これらの文章を英語の表現も内容も充分に熟読玩味し，また楽しんでいただきたいと思う．

本書は約一年間をかけて執筆したものであるが，以前に発表した文章に手を加えて再録した部分もある．『東京新聞』『朝日新聞』『東京大学新聞』『東京大学教養学部報』『東洋学園研究室だより』『英語青年』『時事英語研究』『英語教育』などであり，執筆の機会を与えられたそれぞれの編集担当者に改めて謝意を表する．同時代ライブラリーの加賀谷祥子さんには，最初の企画から完成に至るまで万端にわたって援助していただいたし，多くのヒントと励ましも与えられた．とくに第3章が今のような密度になったのは氏の熱意あふれる助言のおかげである．心からお礼を申し上げたい．

　　　1994年1月

行　方　昭　夫

現代文庫の読者へ

 この度,現代文庫の一冊として,10 年近く前に執筆した本書が再登場することになった.英語の学習に関して,「読み書きはもういい,話したり聞いたりしたい」という当時の世間一般の傾向に反し,きちんと読み,深く理解することの大事さと喜びを説くという,地味な書物であったけれど,幸い非常に多数の読者に恵まれ,同時代ライブラリーの終刊まで何度も版を重ねた.私個人も,その後『英語のこころを読む』(ちくま学芸文庫,1996),『英語のセンスを磨く』(岩波書店,2003)と同系統の本を書くことになった.一般向けの英語の本は今も,数多く出ているが,近年になって,従来の英会話中心のものに混じり,英文をきちんと読むための道しるべとなる本が出るようになった.
 考えてみると,平均的な日本人の英語との接触では,英語圏の人と会話をする機会よりも,英文を読み,時に書く機会のほうが多いというのが実状である.特に最近の日常生活では,海外から輸入した物品に数多く接したり,あるいはインターネットで英文のサイトを読み,メールで海外に発注したりする人も多いと思われる.『ハリー・ポッター』を,世界中の子供と同じく,自分も英語で読もうとする人もいるに違いない.そんな風にして,いざ読み書きを実践してみると,「自分は辞書さえあれば英語は読める」と思いこんでいたのに,実はそうではない,と否応なしに悟る場合が多いと思う.

現代文庫の読者へ

　英文をきちんと読む作業が，もし英語を日本語に機械的に置き換えるのみで，その文章を書いた人が喜んでいるのか，悲しんでいるのか，馬鹿正直なのか，皮肉なのか，そういうことには，何の関心も払わないような読み方だとしたら，どんなに忍耐強い人でも，飽き飽きするに決まっている．本書もそうだが，今の時代の読み方を説く本は，一昔前の無味乾燥な参考書とは異なる．もっと人間味豊かな，英文の微妙なニュアンスを探り，書き手の息づかいまで捉える，時に推理小説の謎解きのようなわくわくする，快い読書体験へと人を誘うものである．

　なお，第2章第2節で述べたretold版および書き下ろし本は，多読の効用が認知され，さらに多く出ている．一方，挙げた本の中には休刊，絶版もあろう．リストを参考にして，大型書店，洋書店で各自好みの本を発見されたい．

　英語を正しく読みたいけれど，そのためどうすればよいのか，と考えあぐねている人が徐々に増えてきた現在，本書は初版の時以上に役に立つものと期待される．装いを新たにしたこの機会に，勉学意欲の高まった多くの読者に愛用されることを切に祈る．

　　2003年1月

　　　　　　　　　　　　　　　　　　行　方　昭　夫

目　　次

はじめに

現代文庫の読者へ

第1章　日本人と英語
――現状を分析する――

1. 英語への熱いまなざし　2
2. 大学での学習　10
3. 日本人の平均的英語力
　　――読解力を中心にして　19
4. アバウトな理解の危険性　25

第2章　対応策を考える
――基礎的な英語力をアップするために――

1. 大人のための学習法　34
2. 慣れを育てる――多読のすすめ　38
3. 参考書の再利用など　52

第3章　正しい読解のための12のヒント

1. 気軽に辞書に手を伸ばそう　62
2. 文脈，前後関係　68
3. 一般常識，勘，想像力など　69

目　次

   4.　描出話法の扱い　73
   5.　仮定法への配慮　75
   6.　時制の重視　77
   7.　イディオムに注目　81
   8.　自動詞と他動詞，比較級の否定など　92
   9.　文と文の関係　96
  10.　筆者の姿勢と文の調子　101
  11.　論理的な整合性　108
  12.　深く読む楽しみ　112

第4章　英文解釈から翻訳へ　……………119

   1.　誤訳の問題　120
   2.　翻訳への道　133

第5章　長文を味わう　……………143

   1.　The Year of the Greylag Goose (extract)
      by Konrad Lorenz
      translated by Robert Martin　144

   2.　At the River-Gates
      by Philippa Pearce　166

   3.　Introduction to ISHI IN TWO WORLDS
      by Ursula K. Le Guin　190

   4.　The Summing Up (extract)
      by Somerset Maugham　200

（翻訳）
 1. ハイイロガンの春夏秋冬（抜粋） 216
 2. 水門で 225
 3. 『イシ』序文 236
 4. サミング・アップ（抜粋） 241

第 **1** 章

日本人と英語
―― 現状を分析する ――

第 1 章 日本人と英語

1. 英語への熱いまなざし

　英語に無関心でいられる日本人は非常に少ない．英語以外の外国語に堪能であるとか，外国にまったく関心のない場合は別として，英語コンプレックスから完全に解放されるのはむずかしい．急に外国に赴任することになった会社員とか，志望校の入試に合格したい受験生とかいうように，はっきりした動機のある人もいれば，国際化の進んだ今，せめて英語ぐらいは，と漠然と考えている人もいる．とにかく男女の差，年齢の差を越えて日本人全体に，強い学習意欲があるのを否定することはできないだろう．本書の読者の中にも，三大紙にしばしば一面広告の出る英語教材に注目した人が多いと思う．アメリカの名優オーソン・ウェルズとベストセラー作家シドニー・シェルダンが登場する，と言えば思いあたるのではなかろうか．あの広告に寄せられている学習者の声によると，学校の成績が飛躍的に上昇したとか，字幕に頼らずに洋画を楽しめるようになったとか，外国旅行の時に言葉に不自由しなかったとか，驚嘆すべき成果が得られたという．

　このオーソン・ウェルズの教材は一つのコースが約 4 万円だそうであるが，一面広告をひんぱんに出す経費を想像すると，入会希望の数はよほど多いに違いない．この教材はテープや CD でオーソン・ウェルズ他の巧みな朗読を聞かせて，聴解能力を高めることに重点を置いているが，一方，読解能力の育成をめざす通信講座もある．その一つは，世界中の文化と社会の動きを伝える週刊誌『タイム』をすらすら

読めるようにしてくれるという。もしその通りなら、どんなにすばらしいことか。『タイム』の愛読者の一人である私は、この雑誌をまともに読める日本人が増えれば、日本全体の国際問題の理解力や一般的な教養が一段と向上するだろうと信じている。だから広告通りに僅か半年ですらすら読めるようになれるのなら、受講料など、どんなに高くても構わないと思う。私と同じ思いの多数の人に支えられているのか、この広告もあちこちでよく見かける。

　以上の二つは莫大な宣伝費をかけていて人の目によく触れるわけだが、他にも英語学習のための出版物は、種類も点数も、普通の読者の想像をはるかに越えるほど多数にのぼっている。試みに、やや大きな書店の英語関係の書物のコーナーに行ってみるとよい。生徒や学生向けの参考書がたくさん並んでいるのは昔も今も変らないのだけれど、ここ数年の目立った傾向として、社会人、大人向けの学習書が受験参考書を凌駕するほど、所狭しと並べられている。いわく『英語再入門』、『やり直しの英語上達法』、『今度こそ英語をものにする』などなど。伝統のある『時事英語研究』、『英語教育』、より新しい『翻訳の世界』、*English Journal* といった月刊誌も読者を増やしているようである。

　今はやりのカルチャー・センターには必ず英語関係の講座が組みこまれているし、昔からある町の英語学校でも、昼も夜も学生や社会人が熱心に出席していると聞く。

　一般人向けの英語、英会話、英語検定試験の本の題名をもう少し拾ってみよう。いわく、とにかく英語がしゃべりたい／出なおし英語早わかり／英語再入門／日本人ばなれの英

第1章 日本人と英語

会話／どうして英語が使えないか／アメリカの子供はどう英語を覚えるか／分かる英語通じる英語／和製英語アメリカを行く／やり直し英語上達法／英語の読み方味わい方／やれば出来る英会話／とにかく英語が話せちゃう／私も英語が出来なかった／「英会話」私情／楽しむ英語／社会人の英語／日本人の英語の誤り／街角のイギリス英語／今度こそ使える英語をモノにする／『タイム』マラソン／「日本人英語」／英会話最後の挑戦のすすめ．

　大きな書店に行けば，こういう題名の本が目白押しに並んでいるのに気付かざるをえない．これらの中にはハードカバーのものもあるが，より多くは各出版社の出している新書版，選書，ペーパーバックスに入っている．古い伝統を持つ岩波新書をはじめ，講談社現代新書，中公新書，新潮選書，カッパブックス，丸善ライブラリー，ちくまライブラリーなどにも必ず入っていて，だいたい読者に歓迎されているようだ．

　英語に関する本のベストセラーを語るとすれば，平川唯一の「カムカム英語」を挙げなくてはならない．単行本ではなく数十頁のラジオ講座テキストであるが，当時としては爆発的な人気であった．第二次大戦直後から数年間にわたって(1946年2月—1951年3月)，NHKから全国放送された英語講座のテキストである．1993年8月に91歳で亡くなった平川氏は第一次大戦直後にアメリカに渡り，苦学してワシントン州立大学の演劇科を卒業した人で，その温和で実直，かつユーモアの感覚もある人柄と斬新な教え方により，あっという間に時代の寵児となった．英米人と同じように発音できる日本人というのも珍しかったし，身近なことを題材とした

平易な会話という、学校の教科書とは異質な講義内容も新鮮であった。テーマソングは「証城寺の狸ばやし」のメロディで "Come, come, everybody. How do you do, and how are you?" と始まるので、「カムカム英語」と呼ばれ、全国各地に「カムカム・クラブ」が自主的に結成され、平川氏が生身で現われて——むろんテレビのない時代のことである——講演したり、クラブ員の質問に答えるのであった。

　月曜日から金曜日までの毎日、夕方6時から15分間、平川氏のことばを全身を耳にして聴いていた人が、どれほど大勢いたことか。もちろんテープレコーダーのない時代のことだから、時間の都合のつかない時は留守録などということはできない。それだけに聴く側は真剣そのものであったろう。平川氏のほうは常にユーモラスで余裕のある態度を維持していた。番組の冒頭で「今日も英語の楽しいお遊びをしましょう」と言うことがよくあり、伝統的な英語の教授法を墨守する中学、高校の先生との間に物議をかもしたこともあった。しかし、日本人の英語に対する態度を一新させた点に平川氏最大の功績があった。学校で学ぶ科目の一つ、受験における主要科目の一つとしてのみ捉えられがちだった英語が、生身の英米人が日常的に使用している手段だと見られるようになったし、もっと気軽な、少し努力すれば身につけられるもののように感じられるようにもなったのである。平川氏は渡米当時どれほど苦労したか、日本的な発音をどう矯正したかなどについて語ることはなかった。

　平川氏は放送でもテキストの中でも文法には言及しなかった。英文法の規則を覚えなくとも、具体的な生活の場面での

会話を練習していけば，結果として規則も身につく，と考えているようであった．平川氏はアメリカの大学を卒業した人であり，文法的に正しい英語を話し，書いたに違いない．しかしそれ以前，誤った話し方をして何回も直されたり，自分の書いた文章を何度も何度も添削してもらったに違いない．しかし，英語学習の明るい面を強調したいという願いからであろう，習うより慣れろであって，文法も無理に覚えるより自然に身につければよいのだからあまり気にするな，という態度を取ったのである．この点も人気の秘密だった．平川氏は，そういう表現は用いなかったけれど，いわば「涙なしの英語」を提唱したのである．

　自然に規則を身につけたいという願望は今日でも根強く残っている．たとえば，『アメリカの子供はどう英語を覚えるか』という本が多くの読者を獲得している．アメリカでは子供でも正しい英語を喋っているのだから，なんとかそれにあやかろうという悲願を持つ読者がこういう本を手にするのであろう．しかし，少し考えれば誰にも分かるように，朝から晩まで英語に囲まれて生活しているアメリカの子供と，週に3時間だけ学校で英語の授業を受ける日本の中学生と比べてみても意味はない．

　岩田一男『英語に強くなる本』(1961)は戦後のベストセラーの中でもひときわ群を抜く．著者は「はしがき」で，「習いはしたものの使いものにならなくなっている英語を，生かしたいかたがた——サラリーマン，学生，主婦，その他いろいろの人びと」に向けたものだと述べている．たしかにこの本は面白くてためになる英語に関する本，大人のための再入

門の本に先鞭をつけたものである。「教室では学べない秘法の公開」という副題があるように、学校での英語学習に対して漠然とした不満を抱き、とくに実用的な英語に憧れを抱く多数の読者を発掘するのに成功したのである。内容はベテランの英語の先生が授業の合い間に話すようなミニ情報のようなものが多い。たとえば、海水浴場に "Fine for bathing" という掲示板があったからといって喜んで泳いではならない、fine には「罰金」の意味があるとか、「卒業」はイギリスでは graduation だが、アメリカでは commencement と言う、そのわけは……というようなことで、今日では広く知られていることも、英語に関する情報が少なかった当時としては珍しかったのである。トイレに入っていて外からノックされた時には "Someone in." と答えればよい、というのもかなり話題になった。誰にも分かる平易な説明で書かれているにしても、外国語についての一般書がベストセラーになるというのは、きわめて日本的な現象であって、他の国ではありえない。

中島文雄『英語の構造(上, 下)』(1980)は変形生成文法の言語観に立脚した本であり、普通の人には歯が立たない。文の構造を説明するための図表を理解できる読者はいったいどれくらいいるのだろう。しかしこの本もずいぶん評判になり、多くの読者を獲得したようだ。日本人には実際に読んで分からなくとも、英語の構造を知りたいという欲求があれば、一応本を買う傾向があるようだ。

これに比べれば、マーク・ピーターセン『日本人の英語』(1988)はとても読みやすく書かれている。日本語に堪能で、長年日本人の書く英文の添削に従事してきた著者ならではの

第1章　日本人と英語

有益な助言に満ちている．ただこの本の助言が本当にありがたいと分かるのは，ある程度まで英語の書ける読者である．世界中の研究者を対象とするある学術専門誌の編集長を務める日本人の学者が，The Nobel Prize, which I received this year, was a great honor. と The Nobel Prize which I received this year was a great honor. （ノーベル賞は以前にももらっているが，前のはともかく，今年のはうれしい）の意味の違いを知ることのむずかしさを，あるエッセイで嘆いていた．このようなコンマのあるなしによる微妙なニュアンスのずれなどは，この本でたっぷり教えてくれる．その他，日本人には正直いってよくは分からない冠詞の用法など，あるレベル以上の読者には大変に有用である．

大津栄一郎『英語の感覚(上，下)』(1993)は日本人と英米人の発想法の相違，あるいは世界観の相違にさかのぼって，日本人の英語下手の理由を説き明かそうという，壮大な意図の下に執筆されたもののようである．従来教えられてきた学校文法も新しい視点から洗い直してみようというので，著者独自の(ときに独自すぎる？)見解が多数の用例を用いて展開されている．読者は自分の従来持っていた英語，英文法の知識を，著者の説明と照合しつつ総復習する機会を与えられることだろう．従来，よく理解もしないままに，受験に是非必要だというので，無理やり暗記したり，やみくもに反覆練習していたことに疑問を持つ読者は，こういう学習法もあったのかと目を開かれるかも知れない．伝統的な英語学習を苦痛に感じていた多数の読者にとって，この本のメッセージが一種の福音のように思われたとしても不思議ではない．しかし，

あるレベルに達するまでは丸暗記や反覆練習はむろん避けられないと思う。著者は長年にわたって多くの翻訳を手がけてきており，日本文と英文の表現の差違が巧みな比較で詳しく論じられている。翻訳を始めようという読者には有用なヒントをいろいろ与えてくれるであろう。

以上述べた本とは性質の違うものだが，東京大学教養学部英語教室編の *The Universe of English*(1993) という教科書のこともここで触れておく。「現代人の知的関心に応えるハイブラウな文章をアンソロジーにまとめた画期的な英語教材」ということで，人文，社会，科学の各分野の短い評論を22篇集め，注釈を付している。地球温暖化問題，17世紀オランダ絵画論，ディズニーランド論など多彩な内容があり，よくこれだけの味のある文章を集めたものだと感心する。読解力の高い人には面白くて刺激に満ちた本としてすすめたい。ただし，英語の文章としてはなかなかむずかしい。詳しい注を利用して学生が自宅でだいたい理解してきたことを前提とし，教室ではテレビを用いて英米人の講師が内容を補足説明した上，質問してすぐ答えさせるという授業の進め方のようである。レベルの高い学生でも独力で理解できる英文とは考えられないので，自宅で充分予習してくるのは相当に困難だと思わざるをえない。いわんや，一般の読者がこの本を利用できるとはちょっと想像できない。にもかかわらず，本書が一種のベストセラーになっているというのは，日本人の英語コンプレックス現象のあらわれと言えるかもしれない。

学生時代に挫折した人は，はたして，以上のような再入門の手引き書によって，期待通りに実力をつけられたのであろ

うか．再入門したものの，またもや卒業にまでは到達できず挫折したのではないだろうか．英米人並みの実力を持とうという高い理想を掲げる人から，海外旅行に行って税関を無事通過し，買物がだいたい出来る程度でよいという人まで，到達度を高く設定するか低く設定するかによって，挫折感も違ってくる．けれども，どのレベルにおいても，漠然とした不満を自分の実力について抱いているのが，日本人の気質のように思える．そしてその責任を自らの勉強不足，努力の不足でなく，学校教育のあり方に向けるというのも，日本人の気質のように私には思える．では学校での学習はそれほど非難されるべきものなのであろうか．

2. 大学での学習

　子供のとき英語圏で暮したというような，ごく一部の人を除けば，ほとんどすべての日本人の英語力は学校で学んだものである．そこでこの節では，大学での学習を中心に，学校での英語教育の姿を考えてみたい．読者はこれを機会に，中学校以来の自分の英語とのかかわり合いを思い起こしていただきたい．

　まず初めに大学に入る以前の学習を概観しておこう．日本人の英語好き，あるいは英語へのこだわりは，幼い時から始まるわけで，中学1年生の春は英語を勉強することに対して，全生徒が大きな夢をふくらませている．そして中学の3年間は音声面の教育も充実しているし，進度がゆるやかなため大多数の生徒がだいたい落伍せずについていけるようであ

る．といっても，もう少し厳密に言うと，中学2年のなかばから少しずつ落伍してゆく生徒がいるのも悲しい事実である．一部私立高校の英語の入試問題は極端にむずかしい場合があり，そういうところを受験する生徒は学校の勉強だけでは足りないので，参考書や塾で勉強しなくてはならない．しかし公立高校の入試は特殊な勉強を要しない程度であるため，入試問題の難解さが中学校での学習を歪めることは少ない．中学は義務教育だから当然であるけれども，健全で望ましいことである．

　高校に入ると，高校の3年間は生徒にとって決して順調な道程とはいえない．語彙の面からだけ見ても，中学時代は3年間全部合わせてせいぜい1000語くらいであるのに，高校3年間では文部省の検定教科書だけでも，中学の1000語を含めて3000〜4000語くらいまでに増加させなくてはならない．当然のこととして，進度も中学の時よりも速くなる．検定教科書だけなら，文部省の指導により，できるだけ無理な進度にならぬように抑えられているが，それでもいくつもの他の教科も学ばねばならぬ生徒にとって，かなりの負担になっている．それに加えて大学入試問題が難解なために，そのレベルに3年間でなんとか到達しなければならないという重圧が加わるわけである．（第2章で述べるように，入試問題には，読解力を高める学習に利用するのに有益な良問が数多くあるのは事実であるが，ここで私が問題視しているのは，一般の受験生のレベルに比べてむずかしすぎるということである．）

　入試が高校の教育を歪めるとは，よく言われる言葉だが，

この場合，真実である．検定教科書の中味を身につけていくのは，頑張ればなんとか可能でも，それだけでは入試のレベルに届かないのだ．入試に合格しようとすれば，当然，塾や予備校での特別の勉強，受験参考書，問題集での学習をしなければならない．

　高校で検定教科書に従って徐々に力をつけていき，力がついた者が入試に合格できるように，どうして入試のレベルをもう少し下げられないのだろうか．このままでは人を英語ぎらいにしてしまうおそれがある．

　入試のレベルを低くしたら，難関校などでは，受験生がみんな 100 点満点を取ってしまうから，合格者を選抜できない，と言う人がいる．しかし，はっきり言って，これは誤りである．もっと平易な問題にしても選抜は可能なのだ．大部分の大学では，合格者の最低点が何点だったか公表していないけれど，極端にむずかしい問題を出しているところでは，5 割から 6 割程度だと思う．（予備校などの推定がよく新聞などに出ているが，あれは実際よりずっと高く見積もっている．もし，5～6 割でよいとなると，受験生は安心して，予備校などでの特別の訓練に参加する必要がないと考える．だから予備校ははやらなくなる．それで高く見積もるのではなかろうか．）

　入試問題の中味は通常，記号で答える形式の部分と記述式の部分がある．後者は英文解釈と英作文である．この記述式部分の問題程度が高すぎる．もしこの部分で 8 割以上の点が取れる実力があれば，たとえば『タイム』や『ニューズウィーク』のような高級週刊誌でも部分的には読めるであろう．

だが，どこの大学でも合格者のこの部分の正解率は実に低い．だからもっとやさしい問題にすべきなのだが，大学では一種の見栄も働いて，むずかしいものを出題し続けているのが現状である．困ったことに，ある大学で合格者の平均正解率が8割以上になるようなやさしい——といっても高校卒業生にとって望ましいレベル——ものにすると，受験生はみくびって，英文解釈と英作文の学習の手を抜くのである．出来ない受験生を合格させたくないので，大学側は不合理と知りつつも，むずかしい問題を出し続けることになる．

　結果として，高校での英語学習は生徒にとって決して楽しいものではない．英語を読むという，本来楽しかるべき勉強も，ただ機械的に横の英語を縦の日本語に置き換えるという無味乾燥の作業になりかねない．大学に入ってきた学生の中に，英語講読に対して，頭から退屈だと思いこみ，拒否反応を起こす者が多いのは，以上述べたことと無関係ではないだろう．講読の授業では，原文の意味をよく理解したかどうかを調べるために，日本語に直すことを学生に求めることが多いのだが，受験勉強の段階で，よく分からぬままにむずかしい英文和訳の問題に日本語訳をつけた不快な思い出がよみがえるのである．このような事情で学習者たちの大学入学後の英語との関係は，中学入学時とは違って，明るい希望に満ちたものとは違ったものになってしまっている．

　それでは，そういう新入生を迎える大学ではどのような英語教育がなされているのであろうか．大学では2年間，週に90分授業を2回(2コマという)受けるのが普通である．この2コマの授業の中味であるが，現在40代，50代の人た

ちが大学生の頃は,ほとんど講読という形式のもので,教科書を音読した上で日本語に訳すという作業の繰り返しであった.学生が指名されて訳し,先生がコメントしたり訂正したりするというのが普通だった.当時の教科書は名の通った英米の著者の小説や評論などであり,学期内に使える程度の分量を編集し,適当な注釈を付したものが主流をなしていた.これが旧制高校以来の伝統的な英語学習法である.

それが,今から20年ほど前から事情が変わってきた.変化の一つは,評価の確定した小説家,批評家,たとえばサマセット・モーム,トーマス・ハーディ,ヘミングウェイ,スタインベック,あるいはバートランド・ラッセル,ロバート・リンドなどの作品に代わって,名のない素人のような在日英米人の軽いエッセイが幅を利かせるようになったことである.新しい著者はいずれも日本の学生に英語を教えた経験の持主であるので,平均的な英語力の学生でも分かるように平易な文章を用い,しかもごく身近な問題を取り上げている.語彙も構文も,多少とも難解なものは避け,屈折した論理などは一切用いず,きわめて平明に書かれているが,率直にいって,妙に間のびした少し不自然な英文になっている場合が多い.深みとか陰影とは無縁の文章である.この点について,こういうテキストを多数執筆していたジェイムズ・カーカップが次のように述懐していた.日本の教科書会社にとにかくやさしく書いてほしいとどく頼まれ,何度もそれに応じているうちに,自分の文体が損なわれてしまったようで不快である,というのだ.確かにカーカップは元来詩人であるし,英語教科書の執筆者として初登場した時のエッセイ集は,な

かなかしっかりした美しい文章であったのは事実だ．彼は日本で教えた経験があり，日本の学生の英語力からして，出版社の要求は無理からぬと思って，しぶしぶそれに応じたのであろうか．

さて，そういうテキストの内容は，日本と英米との習慣や考え方の相違などを，きわめて具体的に自己の失敗談を交えたりしながら，ユーモラスに語ったものが多い．「マンション」の日本での意味を知らずに，文字通り豪邸と勘違いした話とか，和製英語の滑稽さとか，日本人は日本語を知らない外国人のほうを歓迎するとか，副読本に用いて英語への慣れをつけるのにはよいだろうが，大学生が正規の教科書として用いるには軽過ぎる．大学生の知的興味に訴えかけないように思えるのだ．テキストは名文である必要はないけれど，教室で精読に用いる以上，文章も内容も熟読玩味に耐えるものであってほしい．けれども，ここに述べたようなテキストが次々に刊行され，毎年新しい執筆者が「発掘」されている．

もう一つの変化は，いわゆる総合教材の流行である．講読，文法，英作文，会話などの学習を総合的に行うための教材である．まず最初に場面を説明する平易な紹介の文章がある．それに続いて会話がある．英米人と日本人の対話が普通である．その中味は，上述のテキストと類似しているが，さらにやさしいもので，外国での動物園見物とか，日本に住むアメリカ少年のアルバイト体験とか，イギリス留学中の日本人女子高生のデイトなどである．あまり込み入った会話にはならないし，複雑な感情の表明などはないのが特徴である．この対話の後に，そこで用いられている単語，熟語，文法などに

ついての親切で詳しい説明と練習問題が続く．辞書を引く手間をはぶこうというのか，単語には辞書代りに発音や意味も記されている．構文の解説は，ごく平易な用例を引いて懇切丁寧になされていて，高校で学んだ知識の再整理，再学習ができるようになっているのが普通だ．その後，会話からうかがわれる英米の風俗習慣，たとえば贈物の仕方についてのミニ情報が与えられる．次に英作文の設問があるが，これは会話の部分の翻訳に近いものである．こういう教科書は従来のものより形も大きく，表紙には英米の学校のキャンパスを背景にした男女学生の笑顔のカラー写真があったり，ページの随所に写真や挿し絵や漫画，ジョークの欄などが挿入されている．

　第三の変化は 10 年くらい前からであるが，ビデオ教材である．テレビを設置してある教室を持つ学校が増えてきたので可能になったわけだが，これは総合教材の会話の部分を拡大したものとも言える．版権の関係のせいか，やや古い映画，たとえば『カサブランカ』とか『バルカン超特急』などのビデオを教室で観て，主に聴解力を学ぼうというのである．テキストは映画の台本に注釈をつけたもの，台本の一部に注をつけ，会話に役立つ表現や単語を学ぶようになっているものなどである．この種のテキストとビデオを併用した授業は，「字幕に頼らずに外国映画を楽しみたい」という夢を抱く学生に喜ばれるようである．とはいえ，現実はきびしく，台本の意味が理解できるようになってからも俳優たちの喋り方が速すぎて，台本を目で追いながらでも耳は英語をとらえられないという状態は改善できない．1 時間半の映画で，結局，

字幕なしで分かるようになるのは,簡単なやりとり——"See you again soon." "O. K. Good-bye, then." など——の合計10分ぐらいというのが学習の成果のようで,上述の夢からは程遠い結果に終ることが多い.この種の学習用で,耳の不自由な人のために,特殊な機械を用いると英語の字幕が現れるビデオがあるけれど,省略の多い会話文を超スピードで読み取る能力のない大部分の学生には不向きである.

 以上のような変化が生じた理由を考えてみると,格調高い英文の熟読玩味を通して英米の言語文化の精髄に触れるという姿勢が,メディアの多様化した時代には通用しにくくなったという事情がある.英米人の発想法を学ぶにしても,直接英米人に接する機会の増えた時代にあっては,外国人との交際によって知ることも可能だ.多重放送受信可能のテレビであれば,スイッチを押せば英語にも日本語にもなるという時代である.このような時代の変化もあるけれど,より大きな根本的な理由として,大学の大衆化がある.短大を含めると,同年代の 40% から 50% の人が大学に進学する.もちろん入試という関門があって,これに合格しなければ入れないのだが,これは資格試験でないので,一定の実力のある受験生だけを合格させるというのではない.定員内であれば,何点の人でも合格させる.その結果として,中学,高校までに身につけておくべきだった英文法の規則,ある程度以上の語彙などが不充分な者も大学生となりうる.こういう若者たちは含蓄のある英文を味わうレベルにまでは達していない.テキストを開いて予習しようとしても,1ページにつき知らない

単語が10〜20もあり，構文も単文の連続などよりは複雑で，論旨も込み入っているというのでは，とうてい歯が立たない．

不思議なことだが，高校2年と3年用のリーダーは——さまざまな教科書の違いはあるにしても——平均すれば，大学生用の上述のものより程度が高い．講読用の高校の教科書ではかなりむずかしい文章が選ばれている．その延長線上に，少し程度の高い英文の学習が大学で行われているのではなく，逆に，やさしくなり，中味も幼稚になっているというわけである．高校時代は大学入試という難関を通過するためにむずかしい教科書や副読本を必死になって学んでいた高校生が，大学生になってからは無理して勉強するのを断念してしまうようだ．もっとも，レベルの高い高校用のリーダーを充分に理解できる高校生の数は非常に少ないというのが実状であるから，大学に入ってから，彼らの実力にちょうど見合ったレベルになったというのが現実なのかもしれない．

新しい傾向の大学用教科書の流行している理由として，時代のニーズに応えてという積極面の他に，このような消極面のあることを理解すべきである．そのことを裏付けるように，こういうタイプの教科書の「はしがき」には，高校までの英語の総復習になるように編集してある旨の断り書がある．具体的には，平易な例文を用いて，仮定法，分詞構文その他の重要な文法事項の説明が注釈のあらゆる箇所に付いている．あたかも，大学用として一層ふさわしい教材への予備段階，橋渡しとして役立つようにと意図されているかのようなのである．少なくとも10年程前までは，必ずといってよいほど，こういう断り書があった．それが最近見られなくなったとい

うことは，理想とする段階まで到達するものと期待できる大学生が減少しているということであろうか．

　結論的に述べると，今日の大学での英語学習のみでは，多少ともニュアンスに富む文章を読む力を養うのは無理だということである．

3．日本人の平均的英語力──読解力を中心にして

　会社や役所からの命令で，急に英語圏に派遣されることになって，あわてて会話力を身につけようとする人がいる．私の友人にもそういう例が多くあり，よく相談を受ける．そういう場合，私は必ず，読み書きはどうなのかを訊ねてみる．辞書があればなんとか，という答が返ってくるのが普通である．そこで私は，誰にでも興味の持てそうな短い英文のエッセイのコピーと，英米人がそれを普通の速度で朗読したテープとを用意する．友人にテープを数回聞かせ，細部はいいから全体としてどういう内容かを言ってもらおうとするが，答えられないのが普通である．細部は一部聞き取れても，全体としてどういう趣旨の話かがまず分からない．次にコピーを目で読んでもらう．数分間朗読したものは文章にすれば 2, 3 ページになる．友人は読むなら分かるというように読み出す．数分してから，「もう時間ですよ」と言う．まだ全体の 3 分の 1 くらいしか読めていないのが普通である．そこで私は，「失礼だけど，きみは聴解力だけでなく，さっと目で読んで内容をつかむという面でも出来ていないじゃないか．だから会話力と共に英語全体をやり直さなくちゃならない」と

助言するのである．

　まったく同じように，「喋れるようになるには，どうすればいいかね」という質問に対しても，喋りたい内容を，さっと一気に書けるだけの英作文の能力があるかどうかを調べてから相談にのることにしている．たいていの場合，問題は発音の悪さだけでなく，作文力の不足にあることが判明する．発音や抑揚などはよいテープの活用とよい指導者による指導によって短期間に身につけられるけれど，英作文の力となると一朝一夕に身につけられるものではない．逆に，読解力と作文力がしっかりしている人なら，不足している会話力を身につけるのにそれほど手間ひまはかからない．

　私が大学で，教養課程の2年間の後，後期課程に進学して学んだ学科は当時としては珍しく，語学教育に関しては，今流に言えば「発信型」の「役に立つ」英語を標榜するものであった．英米人の講師は何人もいたし，日本人の先生の中にも留学体験が豊富で会話に強い方が多かった．しかし学生は必ずしもそうではなく，ラジオ以外に生の英語に接したことのない者もいた．私の観察したところでは，高校時代に英文解釈，英作文，英文法をしっかり学んできた者たちは，最初の戸惑いを克服してからは目覚ましい進歩を遂げていった．ここで個人名を挙げるのは失礼かとも思うが，話を説得的なものにするために，あえてここで国連の明石康氏と外務省の小和田恒氏のお二人の名を挙げたい．お二人とも地方の高校出身であったためか，私が学生時代に知り合った当初は会話はお得意ではなかったが，またたく間に達人となってしまった．このことはこの目で見たのではっきり証言できる．現在

3. 日本人の平均的英語力

お二人が日本の誇る国際人であるのは申すまでもない．会話力をつける機会のない間にそれ以外の英語力を充分に身につけていたからこそ，あのようにみごとに開花することが可能だったのだと思う．

このようなわけで，大部分の日本人の英語力は会話力だけでなく他の面でも弱いということ，また他の能力なしに会話力——少なくとも多少とも内容のあることを聴き話す会話力——だけ強くしようとしても，それは大変にむずかしいということが納得していただけると思う．

さて，それならば，日本人の他の能力，とくに読む力はどれくらいあると考えてよいのであろうか．先に述べた，海外出張に備えて会話力の速成上達法を求めた私の友人たちは，当時いずれも 30 代，40 代であり，大学を卒業して 10 年以上の年月が経っていた．ところで，とくに英語を使うという立場にない日本人の英語力が最高のレベルに達するのはいったいどの時点であろうか．常識的に考えれば，中学 1 年で習い始めて中学 3 年間，高校 3 年間，大学の教養課程の 2 年間，合計 8 年間の終り，大学 2 年の終りだということになる．ところが，この大学 2 年間に英語力が増大する人は決して多くない．その理由はこの章の第 2 節で触れた通りである．熱心に勉強しなくても合格点はだいたい与えられるという奇妙な日本の大学事情もあるし，受験に合格したのだからこれ以上はやらなくてよいと思う学生が多いということもある．むろん大学側の授業のやり方にも問題があり，ここ数年大学設置基準の大綱化にともない，どこの大学でも教養課程における英語教育を効果のあがるものにしようと努力を

重ねているわけである．したがって今後はもう少しよい成果が出るようになるかもしれないが，これまでは実りのない2年間であったのは否定できない．

　こころみに周囲にいる若い人に，「これまでで英語が一番できたのはいつですか」と問うてみると面白いかもしれない．自らの胸に問うのもよいだろう．いずれにしても，答は決まっている．大学受験の時だという．高校生であれ予備校生であれ，大学合格のために必死になって勉強するわけであり，当然相当の実力が身について，合格するのである．日本人が，一生で最高の英語力に達するのは入試の時なのである．では，これだけの実力はどれほどのもので，どれくらい役に立つのだろうか，その点を考えてみよう．

　春の入学試験の季節になると，新聞や週刊誌で有名大学の入試問題がむずかしかったとかやさしかったとか，さまざまなことが話題になる．どこの大学でも，記号で答える形式の部分と記述式の部分の両方がある．後者は英文和訳と和文英訳が中心である．そういう問題を見た世間の大人たちは，なんてむずかしいのだろうと思い，こういう問題を正解して初めて大学生になれるのか，よく出来るものだなあと感心する．たしかに英文解釈力が相当ないと正解できない，内容のある，論理の一貫した，立派な英文が出題されている．こういう文章が，細部はともかく，だいたい正しく趣旨・大意がつかめたというのなら，受験生としては立派なものだ．けれども，残念ながら，どこの大学でも合格者の平均は5割程度の出来栄えである．ある英文の意味を問われて5割ほど出来ているというのは具体的にどういうことだろうか．例を挙げて

3. 日本人の平均的英語力

みよう．

> A well-known publisher told me the other day that he was recently asked to equip a library in a new house in North London, and the instruction he received was to provide books that would fit the shelves which had been fixed. It was not the contents of the books that mattered, but the size.

　これを「有名な出版社の社長から先日聞いた話だが，北ロンドンのある新築の邸の書斎に本を備えてくれと最近頼まれたという．書棚はもう取りつけてあるから，そこにちょうどおさまるような本を用意してほしいというのが，与えられた指示だったそうだ．つまり，大事なのは本の中味でなくサイズだったというわけだ」のように訳せば満点の出来だが，どう答えれば50点与えられるのだろうか．「一人のよく知られた出版者が，彼が最近北ロンドンの新しい家の図書館について質問されたとこの間私に言った．彼が受けた教えは固定されてしまった棚に合う本を用意するべきだった．それは大切な本の内容ではなかったが，サイズだった」とすれば50点ぐらいだろうか．

　これでお分かりのように，英文和訳で5割の点を取るということは，訳している本人には内容がよく分かっていないということである．きびしい採点をすれば，ほぼ0点だと考えてもよいくらいである．

　たとえ入試における英文和訳の問題で満点が取れたとしても，むろん，その力ではどんな英文も大体の意味なら理解で

きるというわけではない．同じ入試問題といっても，たとえば，大学院へのそれとなると，もっとむずかしいものが出される．けれども，大学への入試問題の英文和訳および和文英訳が8，9割出来るだけの実力があれば，非常に立派である．一生に一度でもそこまで到達する人が多くいれば，どんなによいだろうか．だが，現実はきびしく，大多数の受験生はほとんどそこまで来ていない．

　日本で英語を教え学生の実力を熟知している英米人に入試問題，とくに英文和訳の問題を見せてみると，そのレベルの高さに目を丸くして驚く．こういうレベルの英文を正しく解いてきた学生を自分の会話の授業で相手にしているとは信じられないと言うのである．実は，正しく「解いて」きたわけではないというのが真相である．

　一般に試験問題というものは，受験者のレベルに合わせた難度のものでなければ，意味がない．あまり難解であっても，やさしすぎても，実力をみるのに不適当である．ところが一部の大学では極端に高いレベルの英文和訳が出題されており，受験生の大部分は多分3割かせいぜい4割しか出来ていないと思われる．実力のある者もない者も等しく歯が立たず，おしなべて低い点を取ってしまう．理想的なむずかしさとは，受験生の平均が7割くらいは得点できる程度のものであろう．どうして，非常識なほどむずかしい問題が出されるのかについては既に触れたので繰り返さないが，入試問題は高校生の英語学習に多大な影響を与えるのであるから，なんとか改善されないものかと願っている．

　次の章でくわしく述べるが，日本の英文和訳の問題は昔よ

りはずっと数の増えた受験生のレベルには程度が高すぎることを無視すれば，それ自体としてはよく選び抜かれた良問が多いのである．本書が目指している読解力をみがくという目的に非常に役に立つ．ただ，私が今批判している点は，受験生の読む力を測定するという目的には有効でないということである．繰り返しになるが，もしこういう問題を8割から9割くらい正解できるのであれば，日本人の平均的な読解力はすばらしい．そこまで到達した人なら，英米のベストセラーとなった小説や評論，あるいは一流の週刊誌も，語彙の不足を辞書で補いつつ，読んでいくことができるだろう．

4. アバウトな理解の危険性

　採点者が見ると受験生は実際には5割くらいしか出来ていないのに，受験生自身は8割くらい出来たと誤解する場合が多い．どうしてそのような過信が生じるのだろうか．受験する側はだいたい分かったと考えるのに，採点者側はもっと厳しく正確さを要求するからであろうか．一般に英語を母国語としない外国人は，どこまで正確に分かればよいのだろう．日本語と英語のようにまったく系統の違う言葉の場合，アバウトな理解でも許されないものだろうか．このような点について考えてみよう．

　「民主主義について論じよう」という日本語を英訳するとき，日本語につられて "Let's discuss about democracy." とする人が多い．discuss は他動詞であるから about は入れてはいけない．about を入れてしまった誤りを英米人はどう思

うのだろうか．何人かの人に訊ねてみたところ，皆「分かることは分かる．誤解の余地はない」と言う．むろん正確な方がよいにきまっているけれど，あまり神経質に完璧主義を通すのにも問題はあるだろう．

英作文の授業などで，あまりたくさん赤字を入れられると，やる気をなくす学生がいる．会話の勉強でも，ひとこと言うたびに直されたら，口をつぐんでしまうのが当り前だと思う．細部にこだわらずに，大体の意味が分かり，相手にも通じればそれでよいのではないか．国際会議の場では，英語を母国語としない国の代表たちは，お国訛りのある発音で，文法的な誤りもあまり気にせずに，胸を張って堂々と発言しているではないか．発言の内容が立派なら，表現に少しくらい欠点があっても，みんな傾聴するものだ．おそらく，これがアバウトな英語を支持する立場を取る根拠であろう．一理あることは誰でも認めるところだ．あくまで厳正な態度を貫いて，英語嫌いの人が増えるくらいなら，アバウトでもよいことにしたらどうか，という立場もありうる．問題はどこに許容範囲を置くかということである．私自身は，発音と抑揚と訛りに関しては英米人と違っても仕方がないと思っている．ただそれ以外の面でアバウトでもよいということには反対である．英米人と同じ程度の英語力を目標にして，ようやくその8割くらいに達するのであるから，最初からアバウトでもよいということにしたら，どんな結果になることか．日本人の英語の現状を語るとすると，いい加減に学習した結果として生じた失敗例を挙げざるをえない．いずれも私が実際に身近に経験したことばかりである．

4. アバウトな理解の危険性

　exciteという動詞がある．正確には「興奮させる，わくわくさせる，エキサイトさせる」という意味である．けれども「興奮する，エキサイトする」でよいと思っている人が多い．平均的な日本の学生は，中学や高校で繰り返し教えられているはずなのに，自動詞と他動詞の区別がしっかり身につかぬまま大学に入ってくる．しばらく前にマンダムという男性用化粧品のテレビのコマーシャルがあった．アメリカ人の声でFor exciting young men. という英語が初めに入り，それに続いて「エキサイトする若いきみたちに」という日本語訳が入っていた．

　自動詞と他動詞の違いを知らないと，ひどい誤りが生じる好例として，教室で学生が類似の誤りを犯すと必ずこの話をする．そしてこの宣伝文の正しい日本語訳を求めるのだが，どこのクラスの場合でも，正解できるのはせいぜい2割程度である．大部分の者は「わくわくする青年のために」というような訳をする．これは，世間では非常に実力があると信じられている大学でもそれくらいの出来であった．その結果を知り私は少し声を高めて，「周囲の人，とくに異性をわくわくさせることを願っている青年はマンダムを使用しなさい，という広告ではないか」と言ってみる．それでも納得しない学生がいると，「女性をエキサイトさせるのに，自分がエキサイトしては駄目だ．客を笑わせる落語家は自分自身は笑わないものだよ」と説明する．その上で「女の子の心をときめかせる若い男性諸君に」という訳を正解として示す．

　私が好んで使用する教材の一つにイギリスの喜劇があり，ある場面で男女が口論をしている．男が女に "You're irritating." と言う．もちろん，「きみはぼくをいらつかせる」，「ぼくがいらいらするようなことばかり，きみは言うね」という意味なのだが，95％までの学生が「きみはいらいらしている」と訳す．読者の皆さんはどうでしょうか．

　某大学の心理学の教授は英語が得意で，専門書の翻訳は数点出しているし，自分の論文は常に英語で書いている．誤りを恐れてなかなか英語で論文を書かない同僚たちに，「内容がよければ，ちゃんと読んでくれますよ」と言っていたという．海外の学者ともよく交流があるという．この教授を日頃から憧れの目で見ていた若い心理学者と，私は最初の留学先のブラウン大学で知り合った．この若い学者の話では，ブラウン大学の心理学の教授の何人かに上記の日本人教授の話をしたところ，「あの方はなかなか興味深いことを論じているらしいね．だがあの英語では，内容をまともに検討する気にはならない」といわれたそうだ．若い学者は純粋な人で，この答にひどく驚いていた．私に例の教授の英語が本当に粗末なものかどうか見てほしいと言っていたが，今日までその機会はない．けれども，アバウトな英語で書かれていたであろうことは充分に想像できる．

　もう一つのエピソード．京都の英国文化振興会の元会長のキング氏は，作家でもあって，帰国後日本を舞台にした作品をいくつか書いている．その中に作者自身のこんな体験が記されている．ある日，どこかの大学に頼まれて講演をした．自分では比較的面白い話が出来たと思いつつ演壇を降りてゆくと，顔見知りの日本人が近寄ってきて，"Your lecture was quite interesting." と言ったそうだ．「私は思わずむっとした

4. アバウトな理解の危険性

が，にこにこしている人のよさそうなこの日本人が私に厭味を言うはずはない，と自分に言い聞かせた．それに日本人にとっては quite も very も同じなのだろう」という趣旨の文章が続く．

イギリスでは，語調にもよるけれど，上の日本人の発言は，「まあまあ面白かった」と解されるのだ．キング氏は日本に住んだことがあるので，日本人の英語のアバウトな度合を知っていたからよいものの，そうでなかったら，ほめたつもりがけなしたと取られかねなかったのである．

そもそもアバウトな英語を用いるというのは，無知のせいもあるが，省エネルギーを狙っているものだ．上の場合でも quite は「まったく」という日本語と同じとだけ覚えているわけだ．（英語と日本語との間に常に一対一の対応があるのなら，学習はどんなに楽であることか！）同じように quite a few とあれば，「まったく少ない」と思いこむ．実際の話として，アメリカ人の先生に作文の添削を返された友人が，「quite a few mistakes だって言うから，よく出来ていたのかと思ったら，赤字の訂正だらけだ」と怒っていたのを憶えている．quite a few は，正しくは「たくさん」の意味である．また別の友人は，アメリカ人の老教授を案内していて，"You had better go there by taxi." と言って相手の機嫌を損じてしまった．had better は「したほうがよい」とだけ覚えていて，本来これは命令口調であるのを知らなかったのだ．もし "Perhaps it would be better to go by taxi." とでも言っていたら，相手に感謝されていたはずである．

ある時イギリス人の先生の送別会があり，私の隣の学生が

立ち上がり，どんなに親切な先生であったかを語った最後に，"This is not a compliment." と言った．にこにこして聞いていた先生がそこで目を白黒させたのは言うまでもない．「これはほめたのではありません」という意味になってしまうからである．もし「お世辞ではありませんよ」と言うのなら，"This is not a flattery." と言わなければならない．この場合も compliment は「お世辞」だと，英語と日本語の間に一対一の対応をさせていたのである．

　一つ私自身の失敗談をしよう．高校3年のとき学校で文化祭があり，バイブル・クラスでお世話になっていたアメリカ人の宣教師を招待することにした．その日時のことで誤ったことを伝えていたので訂正しようとして，"I told you a lie last time I saw you." と私は言った．すると途端に彼女はすごく驚いた顔をして "What?" と言った．あわてた私が，日時が違っていたと告げると，普段の表情に戻った宣教師は，それは lie なんかではない旨話してくれた．日本語の「うそ」は "lie" ではなく，ずっと気軽に使われるのだ，と私は初めて知った．正しくは，"I was mistaken about the date of the festival." と言えばよかった．

　このような失敗例ばかり挙げていると，私がアバウトな英語を頭から否定していると取られるかもしれない．たしかに私は，英語と縁のうすい日本語を母国語とする日本人が，英語を身につけるというのは，かなりの気力と意志の力がなくては無理だと思っている．もちろん最初から完璧であるのは不可能であるから，誤りを犯すのを極端に恐れる必要はない．その一方，のんびりとあまり神経を使わずにいたのでは，い

つまでたってもアバウトな能力のままで，多くの誤解を生むと思う．とにかく，自分は英米人ではないのだからアバウトな英語でよいと思いこんでしまったら進歩は止まる．学習段階の初歩ではいろいろと失敗を重ね，先生に直されつつ，次第に知見を増してこそ本当の英語力が身につくのである．

第2章
対応策を考える
――基礎的な英語力をアップするために――

第 2 章　対応策を考える

1. 大人のための学習法

　正直な話，第 1 章で分析したような段階にある英語力を，飛躍的に伸ばすのは容易ではない．日本人が英語をモノにするのは絶望的に困難ではないかと考える読者がおられるかもしれない．だが，入試のための必要にせまられての英語学習から解放され，自主的に本気で英語力を身につけたいと切望している人の進むべき道はいくつか存在している．最終的に快く英文を読める境地に達するまでの道程は，よく宣伝文句にあるように「涙なし」とはいかないけれど，以下に述べるヒントから自分の好みのものを探して実行されるとよいと思う．なお，ここでは会話や作文の実力向上のためのヒントも記すが，もちろん，それは読解力と密接な関係があり，相互に補い合って，はじめて総合的な英語力の向上に結実するからである．

　まず，聴解力を伸ばす方法．標準的な英語の会話，物語，劇などの録音されたテープとその原文のテキストを入手する．他にもいろいろあるが，たとえば英文朝日から出ている英米名作朗読カセットは語彙 500, 900, 1300, 1800 語の 4 段階に分かれている．原文は見ないで，何度も繰り返して聞いて全部書き取るように努力する．いくら努力しても聞き取れない箇所が残ってしまうだろう．どのような工夫をこらしても，自分の耳ではこれ以上聞き取れないという段階に達しても，まだ原文を見てはならない．空所に入るのに適切な語句を，耳でなく頭で推理するのだ．

このようにしても分からないときは，空所に自分の耳の拾った音をカタカナで記しておき，さていよいよ原文を開いて，自分の書き取ったものと比べてみる．間違った部分，最後にカタカナを記した箇所はとくに注意してテープも聞き直し，原文なしで全文が聞き取れるようになるまで繰り返し聞く．

この学習法で大事な点は二つ．一つは自分の聴解力に見合った難易度のテープを選ぶことで，読解力はかなりあっても耳の訓練をしていない人は，相当にやさしいものから出発するのがよい．どうしても無理と判断したら，平易なテープと代えるのがよい．もう一つの注意は，原文を見るのを最後の最後まで我慢することである．

英語を話す能力は聴解力の向上にともなって伸びるものだが，ヒントを一つ記す．日本国内あるいは英語圏にホーム・ステイに出かけることで英語を母国語とする人と直接に話せれば，それに越したことはないけれど，そういう機会がない場合はどうするか．想像上の会話（imaginary conversation）をすすめる．いろいろな場面をまず想定する．たとえば，果物屋さんで買物をする場面を考え，そこでの店員と自分との会話を試みるのだ．一人二役をやるもよし，店員の発言は耳で聞くだけで一人一役でもよい．会話は声に出してもよいし，電車の中なら声には出さなくてもよい．このように練習してみてすぐ分かるのは，スピーキングの能力は英作文の能力と密接な関係にあるということだ．

そこで次に正確な英作文を書くための勉強法のヒントを記す．まず標準的な平明な英文，たとえばラフカディオ・ハーンの怪談の一つ「雪女」を用意する．これを何回も音読する．

テープを利用すればスピーキングの練習にもなる．その上で自分の力で翻訳してみる．そして，この日本文を辞書を使ってよいから，可能な限り元の英文に戻してみるのだ．いくら考えても，これ以上よい英文は書けないという段階に至ったら，初めて原文と比べて，自分の英文の不備を直す．この場合，自分の英訳の仕方でもよいではないかなどと頑張らずに，素直に直すことが大切である．この練習の場合も，平易な英文から始めるのがよい．同じハーンの作品にしても，リトールド(retold)版もあるので，自分の力によっては，900語くらいで書き直したテキストを用いることだ．

　よい英文がすらすら書けるようにするのに，この方法と並行して行うとよい一つの学習法は，文法事項などで分類したよい例文をよく勉強した上で丸暗記することである．こういう例文集はいくつも出ており，自分の実力に応じて，初めは200くらいでもよい．覚えるのに慣れてきたら，500題くらい身につければ，どんな作文にも不自由しなくなる．他にもよい本もあるのだろうが，私自身が愛用し，幸い今日も容易に入手できるものとして，佐々木高政『和文英訳の修業』の最初にある「暗記用例文」をすすめる．この本の500の例文は，多少ブッキッシュなものもあるが，大部分は会話で用いられるものであるから，スピーキングにも活用できる．

　最後は読解力養成の方法で，これは本書全体で論じるわけだが，ここでも簡単に触れておこう．ある程度むずかしい英文を読むという作業が，実は日本の高校生にも大学生にも嫌われているのは残念である．中学の3年間は会話に力点が置かれ，読む作業も，比較的やさしい教材なのであまり抵抗

なく消化されてゆくのだが,高校に入り,とくに 2 年生のリーダーに進むと,急にむずかしくなるのが普通だ.ここで大部分の生徒は読む英語が嫌いになる.むずかしすぎるのだ.知らない単語,熟語が多すぎ,構文も複雑になる.無理な読解の勉強を強いられた高校生は,読むことを余裕をもって味わうのでなく,ただただ機械的に訳すことに追われる.目の前の文章が全体としてどういうことを,どういうふうに伝えているのか,など考える余裕はない.書いた人が何か訴えているとして,その訴え方が感情的なのか,それとも冷静なのか,真面目なのか,それとも茶化しているのか,そのような点を考えてみようともしない.これでは面白いはずがない.

　そこで読むのを楽しい作業とするには,まず第一に,自分の力と見合ったものを選ぶ必要がある.そのかわり,もちろん,たくさん読むことが肝要である.

　中学生,高校生のための副読本のようなものを大人が買うのは少し抵抗があるかもしれない.そういう人のためには,『ハムレット』,『ガリヴァー旅行記』,『聖書』のような古典から,エリック・シーガルの『ある愛の詩』のような映画化された最近作まで,外国人学習者や年少の読者のために本国人が平明な英語で書き直した retold 版をすすめる.英米の著名な出版社から驚くほど多数出ていて,洋書販売店で入手できる.また日本の出版社がこれらの英米の出版社と提携して日本語の注を付して出している場合もある.とにかく,自分の力に見合ったものを選ぶべきで,知らぬ単語が 1 ページに 5 つ以上あったら避けることだ.外国からの輸入品の retold 版の中にはテープと合体しているのもあり,聴解にも

役立つ．

　語彙をふやそうとしていろいろな単語集を丸暗記する人がいる．25歳以下の記憶力抜群の時には少しは有効だろうけれど，一般的には，文章の中で覚えるのでない限り，独立した単語，熟語は暗記してもすぐ忘れる．多読中に出てきた単語は何度も書いて覚えるとよい．多読は元来楽しむべきものなのに，未知の単語を拾って何度も書いて暗記したりすると話の面白さが損なわれるだろう．しかし，ある程度の語彙がないと，いくら前後関係から想像がつくと言っても限度があるので，可能な限りふやしてほしい．接頭語，接尾語，語源などの知識も役立つと思う．

2. 慣れを育てる――多読のすすめ

　日本の英語学習でもっとも不足しているのは，平易な英文をたくさん読むという作業である．1ページに自分の知らない単語，熟語が2語から3語ぐらいしかない平易なものを読むのは，内容が興味あるものなら，気楽にどんどん読めるのでよい気分になれると思う．幸いこの目的に適する本は容易に入手できるので，紹介しておきたい．

　まず第一に挙げられるのは，retold版と言われるもの．これは誰でも知っているような名作，たとえば『ハムレット』を物語を中心に平易に短く書き直した読み物である．こう言うと，なんだ，安っぽいダイジェスト版か，とそっぽを向く人もあるだろうが，快読術を会得するための一段階として実行されるようにおすすめする．第一，どれも50ページから

2. 慣れを育てる

100ページくらいの長さはあるので，ただ荒筋を述べるというのでは決してなく，適当に会話を入れたり，印象的な場面を描いたり，少しは作中人物の心理までも明らかにしているのだ．文学作品が多いが，自然科学，社会科学系の本もある．retold とは具体的にどうなされているのか，いくつかの場合を見てみよう．

エリック・シーガル『ある愛の詩』(Erich Segal, *Love Story*, 1970)の冒頭——

> What can you say about a twenty-five-year-old girl who died?
>
> That she was beautiful. And brilliant. That she loved Mozart and Bach. And the Beatles. And me. Once, when she specifically lumped me with those musical types, I asked her what the order was, and she replied, smiling, "Alphabetical." At the time I smiled too. But now I sit and wonder whether she was listing me by my first name — in which case I would trail Mozart — or by my last name, in which case I would edge in there between Bach and the Beatles. Either way I don't come first, which for some stupid reason bothers hell out of me, having grown up with the notion that I always had to be number one. Family heritage, don't you know?
>
> 亡くなった25歳の若い女性について一体何を言えるというのだ？

第 2 章 対応策を考える

美しい人だったこと．頭のよい人だったこと．モーツァルトとバッハを愛したこと．それにビートルズも．それにぼくも．彼女がぼくと音楽家たちとをまとめて好きよ，と言ったことが一度あったので，順序はあるの，と訊ねてみた．彼女は微笑を浮べて，「アルファベット順よ」と答えた．その時はぼくも微笑しただけだったが，今になるとすわりこんで考えてしまう．ぼくの名なのか姓なのか，どちらのことだったのだろうか．名の方ならモーツァルトの次だし，姓ならバッハとビートルズの間になる．いずれにせよ，ぼくが一番目ということはない．このことは，あるばかげた理由で，すごく気になる．なにしろぼくは常に自分が一番じゃなくてはという考えを持って成長したのだった．ぼくの一族の伝統なんだよ，きっと，これは．

これが 1500 語レベルだと次のようになっている．

What can you say about a twenty-five year old girl who died?

That she was beautiful. And clever. That she loved Mozart and Bach. And the Beatles. And me. Once, when she told me this, I asked her what the order was, and she replied, smiling, 'Alphabetical.' At the time I smiled too. But now I sit and wonder whether she was thinking of my first name — in which case I would be after Mozart — or my last name — in which case I would be between Bach and the Beatles. Either way I don't come first.

さらに 1000 語の retold 版では次のようになっている．

> What can you say about a twenty-five-year-old girl who died?
> You can say that she was beautiful and intelligent. She loved Mozart and Bach and the Beatles. And me. Once, when she told me that, I asked her who came first. She answered, smiling, 'Like in the ABC.' I smiled too. But now I wonder. Was she talking about my first name? If she was, I came last, behind Mozart. Or did she mean my last name? If she did, I came between Bach and the Beatles. But I still didn't come first. That worries me terribly now. You see, I always had to be Number One. Family pride, you see.

これなら誰でもすぐ分かると思う．

さて次の例はエドガー・アラン・ポオの『告げ口する心臓』(Edgar Allan Poe, *The Tell-Tale Heart*)という短篇の場合である．まず原文を示す．

> True! — nervous — very, very dreadfully nervous I had been and am; but why *will* you say that I am mad? The disease had sharpened my senses — not destroyed — not dulled them. Above all was the

sense of hearing acute. I heard all things in the heaven and in the earth. I heard many things in hell. How, then, am I mad? Hearken! and observe how healthily — how calmly I can tell you the whole story.

It is impossible to say how first the idea entered my brain; but once conceived, it haunted me day and night.

　その通りだ——私は神経過敏症だ——とてもひどく神経質になっていたし今でもそれは治っていない．だが，私のことをどうして狂っているなどと言うのか？　神経過敏症のために感覚が鋭敏になっただけで，神経は破壊されていないし，鈍くもなっていないのに．とりわけ，聴覚が鋭くなった．天と地の物音を一つ残さず聞いたのだ．いや，地獄の物音すら耳にしたぞ．それなのに，どうして私を気違いなどと言うのか？　よく心して聞くがよい．私がこの物語全部をどれほど冷静に，どれほど正常人とかわらず語るか，とくと耳を傾けてみよ．

　あの考えがどうして私の頭に浮かんだのか，それを語るのは不可能だが，ひとたび浮ぶや，日夜を問わず，頭にこびりついて離れなくなったのだ．

これが retold 版だと，

True! — nervous — very, very dreadfully nervous I had been and am; but why *will* you say that I am

2. 慣れを育てる

mad? The disease had made my senses sharper — not destroyed — not dulled them. Above all was the sense of hearing sharp. I heard all things in the heaven and in the earth. I heard many things in hell. How, then, am I mad? Listen! and observe how healthily — how calmly I can tell you the whole story.

It is impossible to say how first the idea entered my brain; but once conceived, it never left me, day or night.

この場合は単語がいくつか平易なものになっている以外は原文と同じである．このように短篇の場合，もし原作と retold 版が同じくらいのページ数であれば，原作をかなり忠実に再現できている．しかし，長篇を 100 ページ以内に収めている場合は，当然のこととして，根本から書き直されている．それでも，よく誤解されているように，荒筋だけ伝えるというようなことはない．可能な限り，原作の雰囲気や論旨を正しく伝えるような努力がなされている場合が多い．たとえば次に示すのは Macmillan 社の retold 版によるディケンズの『オリバー・ツイスト』(Dickens, *Oliver Twist*)の冒頭である．

About the year 1837, in a certain English town a baby boy was born in the local poorhouse. For several minutes after his birth, the sickly baby struggled feebly to breathe. The doctor, who was paid

第 2 章　対応策を考える

only a small sum by the town to look after the poor, and the old poorhouse woman who acted as nurse, did little to help him. However, the child, Oliver, won his first lonely battle in life and, setting up a feeble cry, announced to the poorhouse that it had yet another mouth to feed.

　1837年の頃，あるイギリスの町で，土地の救貧院に男の赤ん坊が生まれた．誕生ののち数分間その弱々しい赤ん坊は呼吸をしようと僅かな力をふりしぼっていた．貧者の世話をすべく町からごく安い賃金をもらっている医者も，看護婦代りの年寄りの救貧院の女性も，赤ん坊の手助けにはあまり役立たなかった．それでも，このオリバーという赤ん坊は生涯での最初の孤独の戦いに勝ち，弱々しい泣き声をあげて，救貧院にもう一人食わせねばならない子供が誕生したことを宣言したのである．

　平明な文章でありながら，原著者らしい描き方が最後のannounced以下に出ている．また，この原作にある有名な主人公の発言などは，だいたい元のままの形で取り入れている．いずれ読解力が増したらディケンズの原作を味わえるわけだが，このretold版はそれへのステップとして非常に有益であると思う．

　ここで容易に入手可能のretold版および平易な英文による書き下ろしの作品を紹介しておく．丸善，紀伊国屋，三省堂などの洋書販売店の英語教材の売場に行ってretold版あるいはreadersのコーナーをたずねれば，すぐに教えてくれ

る．12 以下は大きな書店の学習参考書の売場にある．外国で出たものも日本で出たものも，すべて 100 ページぐらいで値段は 600 円前後である．

1. **Ladder Edition** (Yohan Publications, Inc.)
   日本では Yohan が提携していて，1000 語から 4000 語の範囲で Mark Twain の *The Adventures of Tom Sawyer*, Hawthorne の *The Scarlet Letter* などの古典文学作品から，*Adventures in Chemistry, The Age of the Economist* などの自然科学や社会科学の名作まで幅広い分野のアメリカの書物が入っている．

2. **Heinemann Guided Readers** (Heinemann International)
   Starter, Beginner, Elementary, Intermediate, Upper の 5 段階に分けて主に英米の古典から現代に至るまでの文学作品を入れている．現在 100 点以上ある．

3. **Cassell Graded Readers** (Cassell Ltd)
   Level 1(350 語)から始まり Level 6(2100 語)に至る 6 段階に分けて，社会，自然，スポーツ，伝記，音楽，発明など多岐にわたるテーマを要領よく興味深く取り上げている．すべて書き下ろしだから retold 版ではない．

4. **Edward Arnold Readers Library** (Edward Arnold)
   まだ出たばかりのようで詳細は不明だが，たまたま手にした Level 3 の Byron の伝記は，手紙や日記の引用も混じえて大変面白く書いている．限られた語彙でよくこれほど内容豊かに書けるものだ，と感心した．

5. **Macmillan Controlled Reader** (Macmillan Publishers Ltd)

8段階に分かれていて350語から3200語に至る。物語，民話，ドキュメンタリー，自然，社会など幅広いテーマを扱い，点数は70点以上出ている．

6. **Stories to Remember** (Macmillan Publishers Ltd)
日本では桐原書店が提携していて，Shakespeare, Swift, Dickensなど古典の名作を中心に50点入っている．大体2000〜2500語の範囲．

7. **Penguin Simply Series** (Penguin Books Ltd)
日本では南雲堂が提携していて，5段階に分かれているが，一番下は500語からあるのが特徴．*Hamlet*などの他に*Mrs. Dalloway*や*The Grass Is Singing*という珍しいものも入っている．

8. **Delta Readers, Oxford Bookworms** (Oxford University Press)
前者は600, 900, 1200, 1500の4段階，後者は400, 700, 1000, 1400, 1800, 2500の6段階に分かれ，それぞれ英米の文学作品中心．前に引用した*Love Story*は両方に入っている．

9. **Longman Classics, Longman Famous Lives** (Longman Group UK Limited)
前者は500〜1800語まで4段階，後者は1300語で書かれている．前者の内容は古典の名作，後者はマザー・テレサ，チャーリー・チャップリン他の有名人の伝記．この大手出版社は，この他にもいろいろな英語教材を外国人学生のために提供している．*Longman Dictionary of Contemporary English*も非常に使いやすく，英語を母国

語としない者にとって必携の書だ．
10. **Facts and Fiction in Easy English**（フランス Hachette 社）

  日本では三修社が提携して，1500〜2000語のものに限られている．前に引用した Poe の短篇はこのシリーズの American Short Stories に収録．文学以外の分野も扱っている．
11. **Collins English Library**（William Collins Sons and Co Ltd）

  日本では北星堂が提携し，600〜2500語の段階で *A Room with a View, An American Tragedy* なども入っている．
12. 英語で楽しむ世界名作（日本英語教育協会）

  「宝島」，「嵐が丘」，「小公子」など15点．英検2級と3級レベル．
13. 英訳日本むかしばなし（日本英語教育協会）

  中尾清秋編著で「さるかに合戦」など10点．英検3級と4級レベル．
14. やさしい英語で楽しむ世界名作（日本英語教育協会）

  「オズの魔法使い」，「赤い靴」など15点．英検3級と4級レベル．
15. 講談社「英語文庫」

  これは retold ものは少ないが，「ノルウェイの森」など日本の現代小説の英訳が多く，日本人には取り組みやすいのでここで紹介する．

第2章 対応策を考える

retold版と平易な英語による書き下ろしシリーズはこのように何種類もあるので，自分の実力と好みに合わせて，どんどん読破するとよい．この場合大事なのは，自分が楽に読めるものを選ぶということで，それを守れば快読の気分を味わえるのは確かだ．上に挙げた本には，1500語レベルとか英検3級レベルなど，難易度が示してあるから，大体の目安にはなる．誰にも気取りはあるけれど，この場合は正直に自分にもっとも合ったレベルの本を選ぶこと．万一，本屋ではよいと思ったのに，家で読み出してから，自分には無理だと分かったら，いずれ読めるようになると期待して，より平易なものを買い足すことだ．

ここで語彙のレベル(word level)について一言注意しておく．大学入試に必要な語彙は，数え方によるのだが，7000語とか8000語とか言われている．だから大学生や大学出身の大人にとって，たとえば3000語レベルというのは，やさしすぎると思われよう．しかし次の文を読んでみてほしい．Ladder Series の 1 冊 Daniel R. Fusfeld の *The Age of the Economist* の一節である．

In 1936, the whole direction and emphasis of modern economics was changed by the appearance of a single book. Its title was *The General Theory of Employment, Interest, and Money*, and it was written by the English economist, John Maynard Keynes. In it, Keynes discussed problems of employment and unemployment at a time when the world economy was experiencing a horrible economic depression. Although many people had lost the hope of ever rebuilding prosperity and a healthy economic system, this book offered a theory which suggested that a new, better economic system could be built. Immediately, professional economists and politicians began to argue violently about Keynes and his suggested policies. Although many disliked Keynes' theories, Keynesian economics overcame all opposition and gained general acceptance.

　1936年に，現代経済学の方向と主眼点は一冊の書物の出現によってすっかり変えられてしまった．本の題名は『雇用，利子および貨幣の一般理論』，著者はイギリスの経済学者メナード・ケインズであった．世界経済がひどい恐慌を経験している時期に，ケインズはこの本の中で雇用と失業の諸問題を論じた．景気を回復させ健全な経済システムを再建するという希望を失った多数の人々のいる中で，この本はよりよい新経済システムが樹立できることを示唆する理論を提出したのである．すぐさま経済や政治の専門家たちはケインズとその提唱する政策について激論をかわしだした．ケインズの理論を嫌う者も多くいたけれど，ケインズ経済学はあらゆる反対を押し切り，一般に受け入れられるようになったのである．

これが retold 版なのかと疑わしいくらいである．これは

語数の数え方によるのである。たとえば fair という語は，形容詞，副詞，名詞，ときには動詞でもありうるし，いろいろな意味や用法がある。また be in a fair way to 〜（〜する見込が高い）その他の熟語もいくつもある。ところが語数を数える時はこれを一切無視して数えるのだ。だから英米の本で表示されている word level は，日本的な見方ではだいたい 2, 3 倍してみると丁度よい。3000 word level は 6000〜9000 語くらいなので，むずかしいということになる。re-told ものは 1 週間に最低 1 冊は読んでほしい。そうすれば英語に対する慣れを養い，英語を授業科目などでなく，生身の人間が日常用いている言葉なのだと認識することにつながるだろう。

さて，retold 版以外の多読のための教材にも触れてみよう。Dr. Schneider 夫妻の刊行している，2000 語の基本単語で世界のさまざまな話題を取り上げている英文雑誌 *Mini-World* もその一つである。ただし大きな書店でないと置いてない。

それからアジアやヨーロッパの思想や文学の英訳本もよい。日本の白樺派の人たちは，トルストイ，ドストエフスキーなどをすべて英訳に頼って読み，その意義などを論じ合ったのである。白樺派の人たちは決して英語の読解力にすぐれていたわけではないのだが，一つには是非読んでやろうという固い意志と，もう一つには翻訳に用いられている英文が比較的やさしい，という事情によって，充分にロシア文学を味わえたのである。こういう外国語からの英訳本は，イギリスの Penguin Books やアメリカの Modern Library に入っているので，探してみるとよい。中国やインドなどの思想・文学に

2. 慣れを育てる

加えて日本文学の英訳も入っている．これらは古典の名作であれば，日本語で内容を知っている場合が多く，一層気楽に英訳を楽しめるだろう．正宗白鳥が『源氏物語』の面白さをアーサー・ウェイリーの英訳によって初めて味わったというのは，よく知られた話である．なお，日本文学の英訳は講談社の英語文庫にも多数入っているし，一部はタトル出版でも入手できる．

シドニー・シェルダン，ジェフリー・アーチャーというような，日本で翻訳を通じて幅広い読者に歓迎されている英米のベストセラー作家の作品が多数ペーパーバックで出ている．これらは本国で 100 万単位の読者に読まれているのであるから，文学作品として物足りない面があるとしても，内容は波瀾万丈で面白く，用いられている英語も比較的平明である．娯楽のための読みものであるから，分からぬ箇所は飛ばして，事件の筋を追うようにして読むとよい．

これも洋書専門店で入手するのだが，児童文学の傑作が多数ペーパーバックで英米の出版社から出ている．子供のとき愛読した『クマのプーさん』だの『くまのパディントン』などを原文で味わうと楽しい．ただ一言注意しておくと，英米の子供が読めるのだからやさしい英語だろうとなめてかかると，背負い投げをくわされるかもしれない．案外むずかしいこともある．けれども，なんと言っても限られた語彙で書かれているのだから，大人向けの純文学に比べれば読みこなせるはずだ．

それから第 1 章第 2 節で述べた在日英米人による平易なエッセイは，速読多読に適当なので，学生時代にこういう種

類の教科書を用いたことのない大人にはすすめたい．ただし丸善，東京堂のような大きな書店にしか置いていない．

　独学で読んでいて，果して正確に読めているのかどうか心許ないという人には，研究社，南雲堂，金星堂のような英語教科書の出版社から出ている対訳シリーズをすすめる．以前ほど好まれなくなったようだが，朱牟田夏雄『サミング・アップ』などのように 40 年間近く版を重ねているものもある．原文とつかず離れずの，直訳と意訳の中間的な訳文，さらに注釈もついているので便利だ．

　その他，ペーパーバックスの新しい出版物について，用いられている英語の難易度まで解説してある紹介が，『翻訳の世界』，『時事英語研究』，『現代英語教育』などの月刊誌によく出るので，注意しておくとよい．あるいは時どき洋書専門店のペーパーバックス売場を訪ね，自分に読めそうなものを自分で発見するのも楽しい．

3. 参考書の再利用など

　しばらく前のテレビのある学習番組で仮定法の解説が行われていた．最近はテレビでは英会話が主流であるが，その番組は受験生のための英文和訳の講義であり，解釈のために必須な仮定法の解説を基礎から始めて，if が隠されている場合まで説いていた．とくに目新しいことではないのだが，用例を読み上げるために，日本語のできる在日アメリカ人が同席し，この人の発言が今も私の頭に鮮明に残っている．講師の説明が大変すぐれている，というのである．たしかに，基礎

から始めて，分かりやすい適切な例文を挙げながらの解説は巧みであった．しかし，日本のどこの教室でもだいたい似たような方法で教えられている．そのアメリカ人は，すっかり感心した面持ちで，自分は苦労して日本語を学び，今も学びつつあるが，こんなやり方で教えられていたらもっと苦労は少なくて済んだだろう，と言う．さらに，アメリカ人にもこういう要領のよい教え方をすれば，文法的にひどい間違いをする者は減るだろうに，とも言った．

　このエピソードからもうかがえるように，日本の英語教育は日本が誇ってよいことの一つだと私は思う．少なくとも英文法，英文解釈，和文英訳などについてはそう断言できる．そのわりに成果があがっていないと言われれば，返す言葉はないけれど，本気で勉強しない人には，どんなすぐれた教え方も通じないと答えるしかないのかもしれない．

　英語の参考書にもすぐれたものが多い．たとえば小川芳男他による『よくわかる英文法』という参考書は，英語が苦手だけれど本気で実力をつけたいと願う者が学習すれば，誰にでもよくわかる参考書である．文法項目を含んだ英文の例文約 200 を懇切丁寧，噛んで含めるように説明している．納得した上でこれらの例文を暗記すれば，普通の読書に必要な文法の知識は完全に身につくはずだ．英文快読術に直接役立つ参考書の話の前にもう 1 冊の本，第 1 節でも触れた佐々木高政『和文英訳の修業』を再び挙げよう．この本の冒頭に文法項目で分類した 500 の例文がある．特徴は，例文はすべて英米の現代文から著者が集めたいきのよいものばかりで，著者が作ったものは一つもないということだ．私は大学 1

第2章 対応策を考える

年生の時この本に出会い,熱心な友人たちと競争して500の例文を,まず英語から日本語へ,それから日本語から英語に口頭で言い,かつ正しく書けるように暗記した.正直に告白すると,これまで何回この時に暗記した例文のお世話になったか,とても数え切れない.教室で教えながら,難解な箇所の説明に分かりやすい例文が必要になり,黒板に書いているのは,きまって500題のどれかである.今挙げた2冊の本は出版後何十年にもなる名著であるが,他にもよい参考書で私の知らないものもあるに違いない.

さて英文解釈のために有用な参考書の利用のすすめに入ろう.受験参考書というと,もういやだと本能的に嫌がる人もいるかもしれない.受験生時代にさんざん勉強し,大学合格と同時に棄ててしまった人もいるかもしれない.でも,本当に充分にそれらの本を活用したのかどうか,もう一度考えてほしい,とせつに思う.

ところで,これらの英文解釈の参考書をどうしてそれほどすすめたいのかというと,まず第一に,解説されている問題の英文がよいからである.問題はほとんどすべて過去においてさまざまの大学などで実際に入試に出題されたものである.旧制の高校や専門学校の分まで含めると,膨大な数の過去に出題された問題が存在していて,参考書の著者はその中から好きなものを利用するわけである.これらの問題の作成には無数の出題者の膨大なエネルギーが費やされていることを,この機会に声を大にして述べておきたい.問題に版権があるのかどうか知らないけれど,これを利用すれば秀れた参考書が生まれても不思議はない.

3. 参考書の再利用など

 今述べた「膨大なエネルギー」というのを，少し観点をかえて語ってみよう．問題作成という作業に何度も加わった者からの現場報告である．毎年春の入試の季節の頃，よく新聞をにぎわせる話題の一つに，出題されたのと同じ問題が予備校の模擬テストで出されていたとか，複数の大学で同一の問題が出たというのがある．あるいは高校の教科書にあった文章がそのまま出たので，その教科書を採用していた高校の生徒は有利だったというような話もある．どうしてこんなことになるのかと，不思議に思う人もいるだろう．英文解釈の問題なんて，どこにでもころがっているだろうに，出題する側はもっと気をつけるべきだと，慎重さの不足に怒りを覚える人もいるだろう．

 これについては私が最近経験したことが参考になると思う．しばらく前から，英語英文学関係の『英語青年』という月刊誌で翻訳教室を担当している．課題文を与えて，読者が訳文を投稿し，それを評価し論評するのである．この仕事で一番大事なのは，課題文の選定である．職業上，毎日英文に触れてはいるけれど，充実した内容があり，表現や構文も適度にむずかしい問題はなかなか見つからない．数冊の本を検討しても徒労に終わることもある．人名，地名もヒントとなるので，固有名詞は避けなくてはならない．全文を訳す問題の場合，問題文の前と後を知らなくても，そこだけで分かるものでなくてはいけない．英米に住んだ人にとって有利であるような内容もいけない．専門知識を要するものもいけない．一体，そんな条件を満たす文などあるだろうか，と匙を投げたくなることもある．入試の出題の場合は，それに加えて，高

校程度の語彙に限定せねばならないという条件が加わるのだから，さらに困難になるわけだ．

さて，少し前に，幸運にもよい課題文を見つけた．上の条件にかなう上に，ユーモラスで洒落た文である．ひねりもきいている．大喜びで出題した．ところが，雑誌が発売されてまもなく1通の投書が舞い込んだ．ある英文解釈の参考書に出ている，というのだ．あわてて調べてみると，まったく同一の箇所が取られていた．翻訳されているわけではないし，教科書などに載っているのでもないエッセイから取ったものなのに，この結果である．

さんざん苦労して受験生の力に見合う，よい問題を探せば探すだけ，同一の問題にたどりつく．こう言ったら手前みそになろうか．とにかく，英語の入試問題は手軽に作れると思ったら大間違いである．（むろん，よくない問題を出している大学もある．私でもすぐには分からないような難問，前後の文章がないのでそこだけでは意味がはっきりしない設問，理科系の文章で術語を知らないとお手挙げの問題など，解答者の英語力を無視した場合もある．だが，幸いなことに，これらは比較的少ない．）大多数の大学では，入試問題は複数の出題者が相当の時間と精力をさいて，熱心な討議の末に選び抜かれたものである．事実，過去何十回も出題された問題などは，何百人もの英語の専門家の鋭い目をパスした良問中の良問である．ある程度以上の読解力のある受験生の力をA, B, Cなどにランク付けするのにはとてもよい．ただし，最近の高校生の読解力のレベルには，ややむずかしいのかもしれない．だから，平均的な実力の受験生にとって「良問

だ」と言うのは言いすぎかもしれない．けれども，一般に英文の正しい読み方を学ぼうとする大人にとって，この上なくすぐれた教材であるのは確実である．こういう良問をよく学べば，非常に能率よく読解力が身につくと保証してよい．

　以上述べたように，日本の英文解釈の参考書が立派なのは，巧みな解説を加えている著者の力量もあるけれども，それ以上にもう故人になっている方も含めた全国の多数の出題者の努力に負っているのである．その証拠に，著者自身が用意した，他で出題されたことのない新問題が練習用に出ているのを見ると，失礼ながら，必ずしも良問とは言えないことが多い．やはり複数の厳しい目に耐えた良問とは違う．さて，私が良問，良問と賞賛するだけでは説得力に乏しいので，いくつか実例を私の試訳と共に示そう．

例1

　　On arriving at Liverpool, I made the acquaintance of a man who had been in America some years previously, and not having his hopes realized at that time, had returned desperate to England, taken in a fresh cargo of hopes, and was now making a second attempt with as much enthusiasm, if not more, than others in making their first.

　　リヴァプールに着いてまもなく，私はある男と知り合った．彼は数年前にアメリカに行ったのだが，その時は希望を実現することがかなわず，失望しきってイギリスに戻ったのだが，今回また新たなる夢に燃えて，初めて

第2章 対応策を考える

渡米する人の情熱よりも強いとはいわないまでも，それに負けないだけの情熱をもって二回目の渡米をくわだてているところだった．

例2

She hated the telephone most of all and never spoke over it save when it was absolutely necessary and then only to communicate or to obtain information. The telephone, she said, was the invention of the devil. It permitted people to intrude upon your privacy, to poke into your affairs, to disturb your existence. There was no more reason for people to expect you to answer a telephone call than to expect you to welcome their entering the room while you were in the midst of a bath.

彼女はなににもまして電話を嫌い，絶対に必要の場合以外は電話に出なかった．出ても連絡か情報収集のためだけだった．電話なんて悪魔の発明品だと彼女は言っていた．電話のせいで，他人が私生活に侵入し，人のおせっかいをやき，日常生活の邪魔をするようなことが可能になるのだ．電話がかかって来たらこちらが出るものと期待する根拠などないのは，入浴中に他人が部屋に入って来たら歓迎されないのと同じことだ，と彼女は主張した．

例3

　As of all other good things, one can have too much even of reading. Indulged in to excess, reading becomes a vice — a vice all the more dangerous for not being generally recognized as such. Yet excessive reading is the only form of self-indulgence which fails to get the blame it deserves.

　他のあらゆるよい事と同じく，読書についてもやり過ぎはありうるのだ．過度に耽るならば，読書だって悪徳になる．しかも世間一般は悪徳として認めないのだから，余計危険な悪徳である．過度の読書は，当然非難されてしかるべきなのに，非難をまぬがれている唯一の自己耽溺の一形式である．

　こういう問題の他にもたくさんの良問を載せてある学習参考書は書店で容易に入手できるが，昔からあるものとして原仙作著・中原道喜補訂『英文標準問題精講』，芹沢栄『英文解釈法』，朱牟田夏雄『英文をいかに読むか』など安心してすすめられる．最初に挙げたものは 1933 年に初版が出ているし，他の 2 冊も数十年前から今日に至るまで広く流布している．

　前述したように，受験生の英文解釈の問題の正解率は非常に低いわけで，このような立派な参考書での学習が実を結んでいないという残念な事態があるというのも否定できない．つまり，良い参考書も充分に活用されていないのは確かだ．どうしてだろうか．他の意見もあるだろうけれど，日本の受

験生の平均的実力の持主にとって，出題されている英文和訳の問題はレベルが高すぎるからだと思うしかない．それはともかくとして，英文快読術を身につけるための有力な手段の一つとして，これらの参考書を今度こそ充分に活用してはどうだろう．自分はそんな本は卒業してしまったとして破棄するのは，あまりにももったいないと思う．

　最後になったが，英文を読む際に必要な文法の知識は，これまた受験参考書に頼ればよいし，どの参考書も役立つと思う．しいて一冊挙げるとすれば，江川泰一郎『英文法解説』である．この本は1953年に発行されて以来，二度の改訂を経て，現在のものは1991年の改訂三版である．このように40年以上も多数の読者に愛用されてきたものであるだけに，およそ文法に関するいかなる疑問にも明快な答を与えてくれるすぐれた一冊である．私自身翻訳などに際して，およそ文法に関しては，この一冊で不足だったことは一度もない．

第3章
正しい読解のための12のヒント

第3章 正しい読解のための 12 のヒント

 文章を正しく読み味わうにはどういう勉強をすればよいのだろうか.人をあっと言わせるような秘術でも披露できればよいのだが,私には平凡な答しかない.つまり,比較的平易な英文の多読によって英語への慣れを育て,文法の知識や語彙を増やした上で,まめに辞書を引き,文脈を考慮しながら,しっかり文意を確かめる,ということだ.第 5 章でいくつかの長文を実際に読み味わうことにするので,この章では正しい読解のためのヒントを示してみよう.

1. 気軽に辞書に手を伸ばそう

 私がまだ中学校の 3 年生の時だったと思う頃,何か英語を読んでいたら a happy expression という言葉が出てきた.「幸せな表現」という意味だと思ったので,そのまま読みすごした.辞書は引かなかった.expression は「表現」だと学んだばかりだったし,happy はずっと前からよく知っている単語なのだから,どうしてわざわざ辞書に手を伸ばす必要があるものかと高をくくっていた.自分は幸せだとか,嬉しいとかいう言葉のことを指すのだろうと見当をつけて,先を読んだのである.ところが,しばらく行くと She is happy in her expressions. という文が出てきた.また happy である.もう大昔のことで,どういう内容の文だか細かいことは忘れてしまったが,言葉遣いが下手だと,せっかくよいことを言ってもうまく相手に伝わらない恐れがある,というようなことを説いているようだった.つまり「幸福」とは関係がないらしいのである.そこで仕方なく辞書を引いてみると,3 番

1. 気軽に辞書に手を伸ばそう

目くらいの意味として「(言いまわしなどが)適切な」というのがあり，a happy idea(うまい考え)という例まで出ていた．

それから少しして，今度は nice という自分では熟知している形容詞について変なことがあった．前後関係から推測するとどうも人の行為をけなしているらしいのに nice と言っているのだ．英語は論理を尊ぶ言語だと教わっているのに，どうも理屈が合わない．既に happy での辞書の有効性の体験があったから，辞書に手を伸ばしてみると，ちゃんと説明があった．4番目くらいの意味というか用法というか，とにかく「(反語的に)ひどい，困った」とあり，用例として a nice fellow(好ましい男，いやな奴)とあった．コンテクスト(前後関係)によって「よく」も「悪く」も両方の意味に用いられるというのである．

以上の二つは私自身の昔の体験であるが，読者の中にもきっと類似の体験があるに違いないと思う．辞書を引くのは，知らない単語や熟語の場合は仕方がないけれど，既知のものについては，つい面倒臭くなってしまう．1ページに一つ二つ知らない単語があっても，前後関係から大体の意味を想像できれば，辞書に頼る必要はない．特に多読によって，英語への慣れを身につける場合は，辞書を用いず，飛ばし読みをするのが有効なこともある．でも少しでも反省してみれば，もし英語の単語に一つ，あるいは，せいぜい二つの意味や用法しかないのなら，英和辞書はもっと薄くてよい筈だ．やはり，少しでも疑問が生じたなら，億劫がらずにさっと辞書に手を伸ばす習慣を身につけるのが，正しい英文読解の第一歩である．

第3章　正しい読解のための12のヒント

　ということを教師になってからの私は繰り返し学生諸君その他に話しているけれど，なかなか実行してくれない．具体的な例を挙げてみよう．私が講読のテキストに好んで用いたものの一つに，ドサまわりの芸人の生い立ちを一人称で語った中篇小説がある．内容は学生諸君にとって身近なものだし，語り口が面白く，かつ英語の勉強にも有益なものだったので，数年に一回ぐらい学生諸君とともに読んでみた．その中の一節にこの少年の小学校時代の体験が出てくる．One of the under masters was freckled and kind and used to pinch my *behind* in the locker room, when I was changing. とあり，体操の時間の話である．正しい解読に必要な情報としては，この少年は素直でやさしく，顔立ちの可愛い子だったということくらいか．さてこの一文の behind はどういうところでしょう．「うしろ」とか「背中」とかでよいでしょうか．イギリスの学校教育には同性愛がつきものというのが常識になっているのかどうか，それは分からないけれど，少年が着替えている時に「そばかすだらけで親切な」補助教員がつねる少年の体の一部と言えば「おしり」ではないか．そのように考えて辞書を調べてみれば，高校生用の学習辞書でもそのような意味が出ている．教室で「おしり」と訳すのを遠慮した学生もいたかもしれないので，正確なことは不明だが，どの学生も「うしろ」とか「背中」と訳したと記憶している．

　よく英和辞書はどれがよいでしょう，という質問を受ける．しかし日本の英和辞書は大中小どれもすぐれたものばかりであり，私はこれこれを愛用しているとは答えられても，どれが一番推薦に価するとは答えにくい．どれも秀れていると答

1. 気軽に辞書に手を伸ばそう

えても大きな誤りはないと思う。だからせっかく入手した辞書はよく使って可愛がってやりたい。よく使ってみると，小さな英和辞書が最大の情報量の宝庫だと分かってくる。辞書の使い方として，自分の知らなかった意味を探すようにという助言をしたわけだが，もう一つ大事な注意として，用例を見よ，というのがある。意味の後に用例がついているわけだが，これを無用の飾りくらいに思って無視している人があまりにも多い。用例が豊富にあればこそ，辞書には単語帳と違うさまざまな魅力があるのを銘記してほしい。簡単な例を挙げよう。right が「正しい」という意味は誰でも知っているけれど，You are right. という文が普通は「あなたの言う通りです」という意味であって，「あなたは正義の人だ」ということは少ないことまでは分からない。しかし用例を見れば理解できる。また follow という動詞は「～に従う」という意味でよく使われるが，その意味を知っただけでは Tom came back in ten minutes, and was immediately followed by his dog. という文はよく分からないと思う。たいていの辞書にはこの文に似た用例があるので，それを参照すれば，「トムは 10 分して戻って来て，その直後に彼の犬も戻ってきた」と理解できる。このように用例は，日本語の訳語だけでは充分伝えられない使い方や意味内容を補うものだから，辞書の大事な部分であって決して「おまけ」などではない。

　ここで辞書の有難味を示す例を有名なエピソードから紹介する。「ホレーショーの哲学」という言葉をご存じだろうか。シェイクスピアの『ハムレット』にあるらしいせりふで，旧制一高の生徒だった藤村操が日光の華厳の滝で投身自殺を遂

第3章　正しい読解のための12のヒント

げた時の遺書に記されていた．有名な句で，以前は英語英文学関係の者なら誰でも知っていた．英文学者でエッセイストの外山滋比古氏の本の題名にもなっている．藤村の遺書全体は人生の不可解を説くものであり，ホレーショーの哲学をもってしても到底解決できぬと嘆いている．ところがホレーショーという哲学者は存在しないのであって，彼はハムレット王子の学友であり，『ハムレット』では，There are more things in heaven and earth, Horatio,/Than are dreamt of in your philosophy.(ホレーショー，天と地の間には，いわゆる哲学などでは夢にも考えぬことがあるものだ)となっている．「いわゆる哲学」というのが your philosophy となっているので藤村青年は your を「きみの」と解したのであった．この事件は明治36年(1903年)のことであるから，当時の英和辞書には出ていなかったと思われるけれど，今の辞書なら何でも教えてくれるから，your を引けば必ず「(通例けなして)いわゆる，かの，例の」と説明されている．

　もう一つ，辞書に手を伸ばしそこなったための失敗例を挙げよう．ある英文学関係の紀要論文に，「リーヴィス博士はその『偉大な伝統』の中で『嵐が丘』は一種の気晴らしだと述べている」という趣旨のことが述べられていた．どのような博士であれ，鬼気せまるような激しい情念を扱ったこの名高い小説について「気晴らし」というのは奇妙だと思って，リーヴィス博士の原文にあたってみた．すると，a kind of sport となっていた．念のために英和辞書を引いてみたら，学習辞典の『アンカー英和』にも，「(生物学上の)変種，突然変異」という意味が出ている．『偉大な伝統』というのは

1. 気軽に辞書に手を伸ばそう

イギリス小説における伝統を論じた書物であり，『嵐が丘』に言及した部分では，この小説が伝統から離れている点を強調しているのだ．それを考えれば，sport には自分にとって未知の意味がありはしないか，と考えて自然に辞書を引くことになるはずである．

念のため最後に一言．英語についての情報量の宝庫である英和辞書といえどもオールマイティではない．使う人が使いこなして初めてその価値が出てくる．英語を日本語に直す場合など，辞書にある訳語をそのまま用いられないことも少なくないのである．辞書はある語句が用いられるさまざまな情況を可能な限り想定し，その場合にふさわしい訳語を与えてくれているのだが，その情況は千差万別であるから，そのすべてをカバーするのは不可能である．その意味では辞書の訳語を目安として使用者が目の前のコンテクストにぴったりする訳語を自分で考え出す必要がある．もちろん学習の初歩段階では，辞書に載っている訳語のどれか一つを選べばよいのだが，上級になるに従って自分で訳語を編み出すことになる．だから日本語として充分に通用する訳文を作るには，英語だけでなく日本文にも通じていなくてはならない．訳語を自分で考え出すのは訳者の責任であるけれど，参考になる辞典もあるので挙げておく．中村，谷田貝両氏の『英和翻訳表現辞典』は役に立つ．たとえば She put on her evening dress nonchalantly. という文における nonchalantly は普通「無頓着に」という訳語になっているが，この辞典では「無造作に着た」としている．他にも reserved man を「ひっこみ思案の人」と訳しているが，この日本語もなかなか思いつかない．どう

してもぴったりくる訳語が考え出せず,「よく感じはつかめているのに日本語で言えない」と思った時など,助けになることがある.

2. 文脈, 前後関係

これは英語ではコンテクストというのだが,これを無視しては正しい読みはありえない大事な点である.ごく初歩的な話を一つするが,小学生の子供が学校のテストで,「蛙の子は」の次の空所に「おたまじゃくし」と書いて間違いにされたという.国語の授業なら誤りかもしれないが,理科の授業というコンテクストならそれは正解ではないか.次に引用するのはイギリスの子守歌の一節.

> The bough rocks the bird now,
> The flower rocks the bee.
> The wave rocks the lily,
> The wind rocks the tree.

この3行目の lily は「ゆり」でしょうか.主語が wind ならよいけれど,wave ですよ.水の上という文脈を考慮すれば,「必要に応じて辞書を調べる」という原則に従い,lily＝water lily「スイレン」だと判明する.

もう一例. The fire in her black eyes, the warmth of her smile, the seductiveness of her movements suggested so much passion … というスペイン娘の描写があるが,この中で warmth of her smile の warmth はどういうことだろうか.

コンテクストを離れれば「あたたかさ」だけれど，ここでは「熱っぽさ」と取らなければ前後が通じない．

コンテクストはある単語の前後の文章というだけでなく，もっと広範囲にも使う．たとえば，『ジュリアス・シーザー』の中で，アントニーが殺されたシーザーを称える演説でBrutus is an honourable man. というのは，本気なのか皮肉なのか．劇のその場面全体の状況とアントニーの性格というコンテクストを考えて，「皮肉，いやみ」なのだと判断できるわけである．こういうことは，くどくど注意しなくても分かるはずであり，事実，日本語の場合なら誤解する人は少ないだろう．しかし，英語だとそういう勘が働かなくなることが多いのだ．

3. 一般常識，勘，想像力など

まず信じられないような例を一つ．Professor (later President) Smith of Princeton というある学者の紹介文の一部をどう読めばいいか．読者の中に「プリンストン大学のスミス教授（のちに大統領）」だと解した人はいなかったでしょうね．ところがこういう誤解が，刊行されているある訳書にある．アメリカの大統領にスミスという人はいたでしょうか．of Princeton という句のかかり方から言っても，この Presidentは「学長」と考えねばならない．これは非常識が誤りを生んだ例だが，次の場合は英米人には常識であっても，日本人一般にとってはそうではない．

ロンドンの空襲で破壊された家の地下室にいつまでも頑張

第3章 正しい読解のための12のヒント

っている若い娘に,危険だから引越すように説得するために親切な青年が訪ねて来た場面である.

> 'I'm staying here,' she announced defiantly, with unmistakable fear. 'Nothing's getting me out. Not all the king's horses.'
> 'I don't expect they could spare the king's horses,' he said, trying to make her laugh ; but she replied seriously, after considering it : 'Well, even if they could.'

> 「私はここにいるわよ.何があろうと動かないわ.唄にある国王の馬がこぞって私を追いだしにかかったとしてもね」と彼女は明らかにびくびくしながらも強い口調で言った.
> 「国王の馬は貸してくれないだろうな」彼女を笑わせようとして,青年は彼女の言葉を文字通りに取って言ってみた.しかし彼女は少し考えた後で,「そうね,できたとしても無駄だわ」と生真面目に答えた.

問題は2行目のNot all the king's horses.である.コンテクストから判断して,つまり勘を働かせて,「どんなことがあってもいやだ」という意味なのは想像できる.しかし,青年が彼女を笑わせようとして4行目で「国王の馬は貸してもらえない」と言うのはどうしてか分からない.そう言えば普通は,聞いた者は笑わないまでも微笑するらしい.どうしてか.こういう場合,英和辞書には何でも情報がつまってい

るので，たとえば研究社の大英和辞典にヒントが見つかると思って引いてみるが，horse にも king にも役に立つ記述はない．さらに英米の引用句辞典を調べてみると，ようやく判明する．これはイギリスの伝承童謡のマザーグースの唄の中でも有名な Humpty Dumpty の唄にある句なのだ．

> Humpty Dumpty sat on a wall,
> Humpty Dumpty had a great fall;
> All the king's horses and all the king's men
> Couldn't put Humpty Dumpty together again.

イギリスの子供でこの唄を歌わなかった者はいない．だから青年がしたようにこの唄をもじった言葉を聞けば，自分の子供時代を思い出して微笑するのが普通なのだ．

　マザーグースの唄の他，聖書やシェイクスピアの作品中の有名な句を知らないために，正しい読解ができないことも多い．英文を読み慣れてくると，「ここは引用くさいぞ．それとも諺か格言があるのかな」という勘が働くようになる．その場合には，大英和辞典や引用句辞典を念入りに調べれば答が得られることが多い．

　次に一般常識を働かせれば快読に成功する例を示そう．ある劇の一場面である．Henry という人物がどういうお土産を持ち帰ったか，Dr. Libbard という中年の医師に推測させているところ．

> J: Guess what Henry has brought back from Cornwall, Dr. Libbard?

第 3 章　正しい読解のための 12 のヒント

> L : Well, what does one bring back from Cornwall ? I seem to remember paper-weights made of malachite — no, serpentine ; isn't that the stuff ?
> J : It isn't a paper-weight. It's alive.
> L : Alive ? Well, one used to be able to get the most wonderful parrots at Falmouth. Brought back by the sailors. And what a vocabulary ! Is it one of those ?

問題は最後の what a vocabulary ! をどう読むかである．実はこの劇は大学用のテキストになっていて注釈がついており，how many words those parrots used to know ! と説明されている．以前ゼミナールで教材にした時に 20 名ほどの 3, 4 年生に考えさせたのだが，一人も正しく読めなかった．ヒントは sailors にあると言えば，常識の働く人は分かるだろう．威勢のよい水夫たちが，女性のいない船上で下品な言葉遣いをし，オウムがそれを覚えてしまったというのである．上の短い引用部分だけ読んだ人には，ここまで勘を働かせるのは無理かもしれない．しかし，学生たちは，この箇所以前に Dr. Libbard の人柄を知っているのである．正しい解釈ができるためには，水夫についての常識の他にも，Dr. Libbard がオウムは物真似がうまいというようなことより，人間に関心が深く，洞察力のある人物で，上のようなことを言いそうな医師だというコンテクストを考慮する必要がある．ここでも作品全体のコンテクストを考慮することの大事さが分かる．

4. 描出話法の扱い

　少し前までは直説話法と間接話法しか高校で習わなかったくらいで，今日でもこの二つの話法の混じり合ったような描出話法はややむずかしい．しかし，人間の内面への関心の深い現代文学の文章には，よく出てくるのでぜひ理解してほしい．具体的な例を見てみよう．なかなか結婚しようとしない娘を嫁がせようとするある公爵夫人の話．

> 　The duchess asked her [her daughter] what she was waiting for; it was absurd to be too difficult. It was her duty to marry. But Pilar was stubborn. She found reasons to reject every one of her suitors.

　この文章にある描出話法に気付かずに読むと，「公爵夫人は娘に何を待っているのか訊ねた．あまり選り好みをするのは馬鹿げたことであった．結婚するのは娘の義務であった．けれどもピラールは頑固だった．求婚者のすべてを拒否すべき理由を見出した」となる．馬鹿げているとか，義務だとかと考えるのは誰だろうか？　今の訳し方だと，客観的に見ているので，作者が常識的見解を述べているようだ．しかし，これは違う．it was absurd ... too difficult. はもちろん，次の独立した It was her duty to marry. も，公爵夫人の個人的な見解なのである．だから，ここは the duchess thought that it was too absurd ... と間接話法で表現してもいいし，the duchess thought, "It is too absurd ..." と直説話法で述べてもよい．そして描出話法というのは，このような場合に the duchess thought that をわざと省略するのだが，文章の流れから読者は，省略された主語の主観的意見だと判断して読むのである．She thought that がないほうが，作者の説明という介在なしに，作中人物の気持がより直接読者に伝わるわけである．今の例では，thought でなく said としたほうがよいだろう．というのは，夫人は考えたことを娘にはっきり言ったものと想像されるからだ．

そこで正しい訳を示すと，このようになる．

> 公爵夫人は娘に何を待っているのかと訊ねた．あまり選り好みするなんて馬鹿げています，結婚するのはあなたの義務なんですからね，とも言った．ところがピラールは頑固で，すべての求婚者の一人一人に拒絶する理由を見つけたのであった．

もう一つの例を考えてみよう．上の親子が言い争いを始めてからの場面である．

> People said that the duchess slapped her daughter and pulled her hair, but I have an impression that Pilar in such a pass was capable of hitting back. She repeated that she loved José Leon and he loved her. She was determined to marry him. The duchess called a family council.

> 噂によると公爵夫人は娘に平手打ちをくわせ髪を引っ張ったそうだが，このような状況ではピラールも負けずにぶち返したと思う．自分はホセ・レオンを愛していて，

彼も自分を愛しているのだと，ピラールは繰り返し言った．私は彼と結婚すると心を決めているのよ，と言うのだった．公爵夫人は親族会議を召集した．

　三つ目の文章 She was determined to marry him. を客観的に作者が「彼女は彼と結婚すると心を決めてしまっていた」と述べていると解することも不可能ではないだろう．多くの学生は決まってそう解する．しかし文の前後の流れから判断すると，まずそうではなくてピラールの発言と考えてよいと思う．客観的描写か描出話法か，どちらかはっきりとは結論できず，前後関係によって決めるしかないといっても，その小説なりエッセイ全体の文章のくせから判断して，慣れると一種の勘が働くものである．そのようになるには，多読によって英文に慣れるしかないようだ．最初の例のように，It was her duty to marry. というのが第三者としての作者の見解ではない，と判断がつけば，作中人物の見解なのだから描出話法だと考えてよいだろう．

5. 仮定法への配慮

　Mr. Brown hesitated, "But Mary, we can't take him … not just like that. After all …"
　"After all, *What* ?" Mrs. Brown's voice had a firm note to it. She looked down at the bear. "He *is* rather sweet. And he'd be such company for Jonathan and Judy. Even if it's only for a little while."

第 3 章　正しい読解のための 12 のヒント

　これはパディントンという小熊を主人公とする物語から．駅で小熊を発見したブラウン夫妻が家に連れて行くべきかどうか話し合っている場面．妻のほうが乗り気である．さて he'd be such company のところが he'll be となっていないことに注意してみよう．この時点ではまだ飼うと決定しないわけだが，he'd とすると仮定法であるだけに，飼うかどうか半分くらいの可能性であるが，もし he'll となっていれば，もうだいたい飼うのが決定したことが分かる．この感じを訳文で出すとすれば次のようになる．

> 　ブラウン氏はためらった．「でもきみ，そんな気楽に連れて行くってわけにも行くまい．結局のところ……」
> 　「結局のところ何ですの？」夫人の声にはきりっとしたところがあった．夫人は熊を見た．「この子とても可愛らしいわ．それに家の子供たちのよい友達になるんじゃないかしら．しばらくの間だけにしても．」

　仮定法によって微妙なニュアンスを出している例として，I should think …, I should have thought … がある．should というと機械的に「べき」と考える人が多いけれど，次のような場合も多いのだ．I think that he is a coward. という文の I think を should think とすると，断定を避け，控え目な表現になる．日本語なら「思うけどね」というような感じ．should have thought は過去になり「思ったんだけど」くらい．

　娘とその若い母親がいて，母親が少し年を取ったのを気にしているようだったら，You might be her sister. とお世辞を

言ってみるのも親切である．この英文は「仮に姉だとしてもおかしくないくらいに若い」という内容であるから，may be とは言えない．He may be a doctor. なら医者かもしれないのだが，might be となると，医者でないのは分かっているけれど，そうだとしても不思議ではない，納得がゆくほど，医師としての知識を持ち，態度もそれらしい，ということになる．日本語で表現すれば，「あの人が医者だとしても不思議ではない」のようになる．might の感じがつかめない人は多く，この他にも You might help me. とか，その過去形の You might have helped me. なども，誤解する人が多い．これは「助けてくれてもいいのに」と相手をうらむような感じなのだ．やんわり非難していると言ってもよい．should とか ought to とは違って，控え目な言い方になるのである．「もし5分早く家を出ていれば，列車に間に合ったのに」というような典型的な仮定文なら熟知している人は，さらに控え目，丁寧，遠回しなどの用法もよく学んでほしい．

6. 時制の重視

　真面目なサラリーマンを装い昼間に放火を働く男を主人公にした短篇小説に，こんな場面がある．保険金目的で彼に放火を依頼する人物が，夜間がよい，昼間は人目につくから，と言うのに対して，放火犯は次のように答える．

> If it happened at night, the Fire Marshall and the insurance people would be twice as suspicious. And

what do I look like, anyhow, some kind of bum who goes sneaking around at night? I'm a nine-to-five man.

　もし夜間に起こったりしたら，消防署や保険会社の連中は 2 倍くらい疑ってかかるだろうよ．それに，いずれにせよ，私はどういう人間に見えるかね？　夜こそこそ動き廻る浮浪者か何かに見えるだろうかね？　いや，私はまともなサラリーマンだぞ．

what do I look like のところを，「(もしも夜中に放火でもしてまわったら) 私がどんな風に見える？　なんか浮浪者みたいに見えないだろうか」と解した注釈者がいる．しかし，言うまでもなく，夜中に放火したら，という実際の事実に反する仮定というのであれば，who would I look like? のようになるというのが，英文法の教えるところである．つまり，この注釈者は現在という時制で書かれているのを無視したので誤解してしまった．日本語の気楽さを英語に持ち込むのはいけない．

　もう一つ，やはり現在時制の例．遊び好きな若い男女の会話である．

P: Hullo, Dinah.
D: Hullo, Patrick.
P: I forget, do we kiss?
D: Only at dances under the influence of claret cup.

3行目の do we kiss? を「ぼくらキスしたことある」とか「ねえ, キスしようか」と解する人はいないだろうか. しかし, それなら, Have we kissed? とか Shall we kiss? と現在完了, 未来形になっていなければならない. ここは, ガールフレンドの多さを誇る P が「きみとの間柄は握手するだけか, キスまで進んでいるのか, 忘れてしまったけど」と気取っているのである. 習慣を表わす, 現在形の用法だ.

時制に関する助言をもう一つ. 全体としては過去形で書かれている物語やエッセイの途中に現在形が出てくるのはどういう場合か, を考えよう.

> With one part of my mind I thought of the British Raj as an unbreakable tyranny … ; with another part I thought that the greatest joy in the world would be to drive a bayonet into a Buddhist priest's guts. Feelings like these are the normal by-products of imperialism ; ask any Anglo-Indian official, if you can catch him off duty.
>
> 心の一部ではイギリス統治を無限に続く暴政だと思い, また心の一部では, この世の最大の喜びは仏教の坊主の腹に銃剣を突き刺すことだと思っていた. こういう感情は帝国主義の普通の副産物である. インド在住のイギリス官吏の誰にでも聞いてみるとよい——ただし非番の時につかまえられたらの話だが.

これはジョージ・オーウェルの『象を射つ』(George Orwell,

第3章　正しい読解のための12のヒント

Shooting an Elephant)というエッセイの一部であるが，途中に現在形が入りこんでくるのは，過去だけでなく現在も真実であることを述べているからである．物語なり，評論なりの勢いをそぐことになるのだが，一方，筆者の余裕とか内省を示して，論文の信頼性を高めると考えることもできる．

次に過去形で書かれている中に過去完了形が入ることがある場合を考えよう．といっても，I found that the train had already started. のような例はいくらでもあるのだが，それとは少し違う．物語が始まり，作者その人らしい「私」は見知らぬ老婦人と会うが，話しているうちに，40年以前に交際したこともある評判の美女だったのが判明する．再会の場面が過去形で述べられた後，次の文が続く．

> In those days, forty years ago, Seville had not become a prosperous commercial city. It had quiet, white streets, paved with cobbles, with a multitude of churches on the belfries of which storks built their nests.
>
> 40年前のその頃セビリヤはまだ繁栄する商業都市にはなっていなかった．小石を敷きつめた静かな白い通りがあり，コウノトリが鐘楼に巣を作っているような教会が無数にあった．

ここでは，はっきり40年前という時が示されているが，たとえそうでなくとも，過去完了形になれば，時間がさかのぼるわけだ．しかし，気をつけて見ると，二つ目の文 It had

... は It had had ... としなくてよいのかという疑問がわかないだろうか．これは英文を書く上の一種の約束事の一つで，初めに一回過去完了形を用いれば，そこから話が過去よりもっと前の大過去に及ぶという合図になり，その次の文からは過去形にすればよいのである．ところが，大過去の話が終り，再び過去の話に戻る合図は何もないのである．新しい節になることもあるが，とにかく，合図がないので，読者が内容から判断して，「ここでまた時間が下るのだな」と判断しなくてはならない．私はこういう場合，原文にはない，「ところで話を戻すが」というようなつなぎの句を頭の中で補って考えている．もし訳す場合なら，やはり工夫して，読者に時間のずれを知らせるようにしている．ここでは長い引用はできないので実例は示せないが，このことを覚えておいてほしい．

7. イディオムに注目

たとえば 500 語レベルの語彙しか用いていないという本を読んでも意味不明の箇所があると嘆く人がいる．その理由の一つは，英語にはイディオムが多いからだ．イディオムというのは，突飛な比喩で恐縮だが，化学における化合によって出来たものだと思う．Na＋Cl＝NaCl という化学式を習ったと思うが，ナトリウムと塩素が化合して塩化ナトリウムという物質になる．化合の場合，混合とは違って，化合して出来た物質はナトリウムの性質も塩素の性質も持たないのである．これと同じように look out というイディオムは，「外を見る」という look と out がいわば混合した段階の意味も

あるけれど,完全に化合した場合には look にも out にもない新しい意味が生じる.それは「注意する」である.それを知らないと悲惨な事故にあう——と昔の高校の英語の先生がよく話したものだ.話というのはこうだ.あまりよく英語を学ばなかった日本人が汽車でイギリスのケント州を旅していた.美しい田園風景を窓外に見て感激した彼は,何か珍しいものがあると窓から頭を出してよく見ようとする.その様子を近くで見ていた親切なイギリス人が,汽車の近くに電柱があって危険だと思い,Look out！と大声を出した.ところがかの日本人は,面白いものがあるのだろうと勘違いして「外を見る」べく窓から体を乗り出し,頭を電柱にぶつけて重傷を負ったという.まあ作り話だろうが,イディオムを知らないと大変なことになるという教訓には役立つ.

Get along with you！というイディオムを考えてみよう.「混合」段階では「あっちへ行け」というような意味だけれど,「化合」段階では「ばかを言うな,ナンセンス！」という意味になる.英文を読んでいて,この句に出会った場合,コンテクストから考えて「あっちへ行け」ではどうもおかしいと感じても,辞書を引かない人が多いのはどうしてか.知らない単語は知らないと,自分ではっきり分かるけれど,イディオムの場合は,get, along, with, you という構成要素はよく知っている語ばかりなので,なんとか辞書を引かずに自分で処理しようとするのだ.これは大きな誤りであることを,上の look out にまつわる「教訓」と共に銘記してほしい.イディオムを調べるには普通の英和辞書でも根気よく引けば（「根気よく」というのは,今のイディオムの場合だと,get

7. イディオムに注目

と along の両方の項目を見なければならないからだが)、だいたい出ている。もちろんイディオムに重点を置いた辞書もあり、最近のものでは *Oxford Dictionary of Current Idiomatic English* などの外国のものもあるし、日本で出ている『新クラウン英語熟語辞典』第三版、多田幸蔵『英語動詞句活用辞典』なども非常に役に立つ。イディオムの知識が正確な読書にどれほど大切かを示す実例は無数にあるが、以下いくつかの具体例を示そう。

『お茶と同情』(Robert Anderson, *Tea and Sympathy*) という映画化もされた芝居にこんなせりふがある。学生時代フットボールの選手だった父 Herb が、息子の女々しさに困惑し、男性的な男子に育てようと努力したつもりなのにと、友人の妻にこぼすところだ。

> Herb : Why isn't my boy a regular fellow? He's had every chance to be since he was knee-high to a grasshopper — boys' camps every summer, boarding schools. What do you think, Laura?
> Laura : I'm afraid I'm not the one to ask, Mr. Lee.
> Herb : He's always been with men and boys. Why doesn't some of it rub off?
> Laura : You see, I feel he's a "regular fellow"... whatever that is.
> Herb : You do?

ハーブ：なんで息子はまともな男じゃないのかな？　せがれはちびの頃から、そうなるような機会を作ってや

第3章　正しい読解のための12のヒント

　　ってきたのに．毎夏男の子だけのキャンプにやったし，
　　寄宿舎にも入れたしね．ローラ，きみはどう思う？
ローラ：私にお訊ねになっても困りますわ．
ハーブ：いつだって奴は男たちと一緒にいたんだ．なん
　　で男らしさが少しは奴にうつらないのだろうか？
ローラ：私はあの子は「まともな男の子」だと思ってい
　　ますのよ──「まとも」っていうのがどういうことに
　　しましてもね．
ハーブ：へえ，そう思いますか．

　問題のイディオムは rub off だ．混合の意味では，「こすれて取れる」なので，すぐ前の it を「女々しさ」と取れば，それでも論理の一貫性を保てる．しかも it の用法の一つとして「例の問題」，「気になっているあれ」を指すことがあるのも本当だ．事実，この劇の教科書版の注釈者はそのように解釈している．しかし，rub off に「うつる，伝染する」というイディオムの意味があるのを知れば，it を上の訳のように解釈したほうが無理が少ないと分かろう．A rubs off on B は「A が B に移る」と覚えてよい．（上の場合は rub off on him. の on him が省略されている．）このイディオムが載っている辞書は残念ながら多くないけれど，数年のうちにもっと載るようになるだろう．

　別の例．ドリス・レッシングの『陰の女』(Doris Lessing, *The Other Woman*) という中篇の中で，青年が，空襲で爆撃され半ばこわれた家に頑張っている若い女性を見舞いに行く場面．

7. イディオムに注目

He returned to the basement under the heap of rubble. There was a faint glow beneath the ruin and, peering low, he saw two candles on the table, while a small figure sat sewing beside them. Well I'll be … he thought, and went in. She was darning socks. He went beside her and said : 'I've come to see if you're all right.'

青年は瓦礫の山の下にある地下室へと戻った．廃墟の下から，ほのかな明かりが洩れており，下の方を覗いてみると，テーブルの上にろうそくが2本立っていて，その側で縫物をしている小柄な人影が見えた．「何ということだ！」と思ったが，彼は中に入った．彼女は靴下を繕っている．彼女に近寄ると青年は言った．「大丈夫かなと思って，見に来たんだけど．」

4行目の I'll be … がむずかしい．これも教科書版があり，その注には I'll be heard (able to persuade her to move out) this time ということだろうか，よく分からない，とある．実はこれは I'll be damned であり，「これは驚いた」ということ．damn を引けば，たいていの辞書に載っている．最近，高校生，大学生によく使われている *Genius* 英和の damn の項には，(Well) I'll be damned! (口語) こいつは驚いた！とあり，Well と共に用いることの多いことまで分かる．と，ここまで書いて，damned の代わりに「…」となっている (昔からこの語のことは遠慮して「…」とすることが多い) のだから，辞書で調べようがない，のに気付いた．だから意味不

85

第3章　正しい読解のための12のヒント

明と注に書いてあっても仕方がないかもしれない．ただあえて言えば，コンテクストからある程度の想像は可能であるし，また，上述のように「...」はしばしば damn(ed) であることが多いのを思い出すこともできるのではないだろうか．

次に私自身の失敗談をしよう．fishing in troubled waters（文字通りの直訳は「荒海で魚を獲る」）というイディオムを知っている人は読者の中におられるだろうか．どの英和辞典にも載っているのに，私は知らなかったし，調べもしないで学生の前で恥をかいた．原文を示す．

> He found himself on the edge of a domestic tragedy from which he instinctively recoiled. To call upon Madame de Mauves with his present knowledge seemed a sort of fishing in troubled waters. He was a modest man, and yet he asked himself whether the effect of his attentions might not be to add to her tribulation. A flattering sense of unwonted opportunity, however, made him, with the lapse of time, more confident, —possibly more reckless. It seemed a very inspiring idea to draw the sadness from his fair countrywoman's smile, and at least he hoped to persuade her that there was such a thing as an agreeable American. He immediately called upon her.

ヘンリー・ジェイムズの中篇小説『モーヴ夫人』(Henry James, *Madame de Mauves*) の一節で，パリに来たアメリカ青

7. イディオムに注目

年が，好意を抱いた人妻が夫と不仲であると聞いたので，その夫人を訪問すべきか否か迷う場面である．やっかいな文章なのでこのイディオム以外のところをまず訳しておく．

> 　家庭騒動に巻き込まれたくないと，本能的に尻込みしそうになった．詳しい事情の分かった今，モーヴ夫人を訪れるのは，fishing in troubled waters に少し似ているように思えたからだ．自惚れの強い男ではなかったが，自分が親切をつくせば，夫人をかえって悩ませるのではないかと彼は考えた．しかし，しばらくするうちに，めったにない機会だという意識が不安感を押しのけ，彼に自信を与え——おそらく大胆にもした．美しい同国人の微笑から悲しみを追い払うのは，男としてやりがいのあることに違いない．そこまで成功しないとしても，せめて感じのよいアメリカ人の存在を彼女に知らせたい．そう考えて彼はすぐ夫人を訪問した．

私は最初，「荒海での魚釣り」を危険なことのみ思ったので，前の文にある家庭騒動のような危険に巻き込まれるのはいやだということかと思ったのだ．ところが，後の文の「自惚れの強い男でないけれど」以下とうまくつながらない．少し変だぞ，と思う程度で辞書を引かずに学生たちの前に出たところ，ある学生が，「自分の英和辞書には，火事場どろぼう，漁夫の利を得る，とかありますが……」と発言した．それを聞いた途端，「ああそうだ！　それなら後の文とぴったりつながるぞ」と思った私は，自分の誤りを認め，その学生をほめた．

第3章　正しい読解のための12のヒント

　落ち着いて，文中のアメリカ青年の考え方をたどってみると，夫と不仲の状態にあるのなら，自分が親切にしてあげれば，彼女は自分に好意を寄せてくれる可能性がある．自分は女にもてると自惚れているわけではないけれど，悲しみのどん底にある時なら，もしかすると夫人は自分を好きになり，その結果，男女関係の悩みを倍増させる恐れもあるということだと分かる．だから問題の箇所は，「どさくさに紛れてうまいことをやるような気がしないでもない」とでも訳せば正しいことになる．私は不明の箇所があったら，その前後関係，コンテクストをよく考えよ，といつも言っているのに，この場合，前は考えたけれど後を忘れるという誤りを犯したのである．（ところで台風が接近しているのに魚を釣っていて事故にあう人のことが新聞に出ることがあるが，海が荒れている時には本当に魚がよく釣れるからなのだろうか．あのイディオムは本当のことなのだろうか．）

　最後に，イディオムの仲間と考えてよい you know と my dear Tom という，辞書の説明では不充分と私には思える二つの表現を勉強しておこう．まず you know だが，英和辞書では，これを as you know とだいたい同じように扱っているけれど，次のような場合を吟味してみよう．

>　"Mr. Isherwood?"
>　"Speaking."
>　"Mr. Christopher Isherwood?"
>　"That's me."
>　"You know, we've been trying to contact you ever

since yesterday afternoon." The voice at the other end of the wire was a bit reproachful.

"I was out."

"You were out?" (Not altogether convinced.)

"Yes."

"Oh ... I see ..." (A pause, to consider this. Then, suddenly suspicious.) "That's funny, though ... Your number was always engaged. All the time."

"Who are you?" I asked, my tone getting an edge on it.

「イシャウッドさんですか？」
「私ですが」
「クリストファ・イシャウッドさんですか？」
「本人です」
「<u>実はですね</u>，昨日の午後からずっと連絡しようとしていたのですよ」電話の向うの声は少し非難するような調子だった．
「外出していたのです」
「外出されていたですって？」（必ずしも納得できないような調子だった．）
「そうです」
「ああ，なるほど……」（考えている様子で，少し沈黙．それから急に疑うような口調になって）「でも変ですな……お宅の電話はいつもお話し中でしたよ．いつかけても」

第3章　正しい読解のための 12 のヒント

「あんた誰なの？」私はとげとげした口調で訊ねた．

この you know が「ご存じのように」のはずがないのはお分かりと思う．むしろ，相手は知らない情報を伝えているのだから，「ご存じないでしょうけど」という感じである．実際，これは「なんじ知れ」という命令形と考えるほうが納得がゆくと思う．むろん，コンテクストによって判断しなくてはならないが，you know とあれば常に「知ってのように」と反応するのはやめにしたい．「なんじ知れ」のことの方が多いのだから．you see もほぼ同じように考えるべきである．

もう一つの My dear Tom（別に Tom に限ったわけでなく，人名でも，friend, uncle, girl などでも可）の方は，ぴったりくる説明のある辞書は少ない．まず具体例を見よう．

例 1

"... You have lived too long out of the country. You will be sure to make some great mistake. You are too innocent."

"<u>My dear aunt</u>, I am not too innocent," said Winterbourne, smiling and curling his mustache.

「……あなたは故国を出てからもうずいぶんになるでしょう．とんでもない勘違いをしかねませんよ．だいたい，あなたはう*ぶ*すぎます」

「<u>伯母さまったら！</u>　ぼくがうぶだなんて，とんでもない！」ウィンターボーンは微笑を浮かべ，口ひげをひねりながら言った．

7. イディオムに注目

例 2

Caroline : It's nice of you to say so. But are you sure that you're not a little relieved that I refused you?

Robert : I? <u>My dear Caroline</u>, can't you see I'm overwhelmed with disappointment?

Caroline : It's not visible to the naked eye, Robert.

Robert : You forget I have great power of self-control.

キャロライン：そのお言葉は嬉しいわ．でも私がお断りしたので，ほんとうは少なからずほっとしていらっしゃるんじゃないの？

ロバート：え，ほっとしている？　<u>ばかなこと言わないで下さいよ</u>．ぼくがどんなにがっかりしているか，分かりませんか？

キャロライン：肉眼で見たのでは分からなかったわ．

ロバート：ぼくは自制心が強いですからね．

　二つの場合とも，相手の発言に対して抗議しているのであって，「親愛なる人よ」というのではない．もちろん，親愛の情をこめて呼びかける場合もあるが——コンテクストでどちらなのかは見当がつくはず——，上の例のような用い方も多いのだ．辞書には，皮肉，抗議の使い方については充分な説明がないものも多いので，あえてここで取り上げた．ただし，多少気取った表現なので，現代の一般庶民の間の会話ではあまり用いないようである．

　とにかく，イディオムに注目せずには，正しい英文快読は

8. 自動詞と他動詞，比較級の否定など

　最近の中学では自動詞，他動詞の区別をうるさく言わないということである．それと関係があるのかどうか分からないが，第1章第4節で述べたように，exciting と excited の区別がはっきりしていない大学生や一般人が多い．逆に，英語国民にとっては，この区別をはっきりしない言語があるのが不思議らしい．日本語を学んでいる英米人のエッセイに，初めて「こわい」という語を習った時はとても驚き，信じられなかったと書いてあった．「とてもこわかったわ」も「それはこわい芝居よ」も同じ「こわい」で表現されるのが，どうしても納得できなかったというのである．英語なら，I was very frightened. と It was a very frightening drama. になるのに，日本語では両方とも「こわい」で済ます．I love you. を「好きよ」で済ませる便利な日本語に慣れた日本人には，この区別がなかなか身につかないのは無理もないのかもしれない．

　でも英文を正しく読む立場からは，そんなのんきなことも言っていられない．ここで自動詞と他動詞の区別を復習しておきたい．彼と彼女が映画を見て帰って来た．共通の友人が彼女に「面白かった？」と聞くと，彼女は「ええ，私は面白かったけど，彼はうんざりしたみたい」と答え，彼がそれを補って，「うんざりする映画だ」と言う．これを英語にしてみると，どうなるだろうか．

8. 自動詞と他動詞, 比較級の否定など

> Did you find the movie amusing?
> She : Yes, I did. I was amused, but he seemed to be bored with it.
> He : I found it very boring.

だいたいこのようになればよい．amuse は「面白がらせる」，bore は「うんざりさせる」という意味の他動詞である．

次の二つの文の下線をつけた動詞は，自動詞と他動詞のどちらだろうか．

> 1. No more stupid apology for pain has ever been devised than that it <u>elevates</u>.

苦痛は人を向上させるというくらいばかばかしい苦痛の弁護は，これまで考え出されたことがない．

> 2. The comforting assurances that in a hundred or two hundred years things may be slightly better for them [people in the poor countries] — they only <u>madden</u>.

100年か200年もすれば彼らにとって少しはましな時代が来るかも知れんよ，というような慰めと保証の言葉は，彼らを怒らせるだけだ．

elevates も madden も目的語は表面に出ていないけれど，分かるので省略されているだけである．前者はどの辞書にも他動詞用法しか出ていないのでよいが，後者は古い用法の「怒る」という自動詞用法が出ている辞書もある．（ロングマン

第3章 正しい読解のための12のヒント

の LDCE にも，コリンズの COBUILD にも他動詞用法しか載っていない．）しかし，原文をよく読むと，they はその前の assurances を受けるとしか考えられない．代名詞が何を指すのかを見極めるのも英文快読には絶対欠かせぬポイントの一つだ．they が it の複数形でもあるのを無視して，「彼ら」と訳したがる人が多い．ここの場合も，「貧しい人たち」を指すと誤解しやすい理由の一つは，they＝「彼ら」という固定観念があるからだ．しかしここを「彼らは激怒する」と解するのは不可能である．古い自動詞の用法の madden に ing のついた有名な例として，ただしやはり古い形で綴字が少し違うけれど，トーマス・ハーディの小説 *Far from the Madding Crowd*（『狂乱の群れを離れて』）がある．

形容詞の比較級と never とか nothing とかの否定語とが一緒に用いられると，正確な意味がとらえにくいことが多いので，ここでまとめて整理しておこう．まず手始めとして，I hear she has won the first prize in the speech contest. Nothing shows more clearly that her English is excellent. という文を考えてみる．二番目の文を「何ひとつとして彼女の英語がすばらしいということを，もっと明らかに示すものはない」と文字通りに訳してみたら，それでよいだろうか．more clearly を「もっと明らかに」と比較級であることを忘れずに訳したのは結構である．というのは，比較級に気付かない人も少なくないからである．けれども，この訳文では正しい文意が伝わらない．「これくらい彼女の英語のすばらしさを明らかに示すものは他にない」とすれば文意は正しく伝わるだろう．さらにこの文では Nothing は主語であっても，

文全体の力点は，何かを否定しようというわけではない．力点は彼女の英語力を強調する点に置かれている．だから「彼女の英語力のすばらしさはこれによって非常に明確に示される」のように訳せば一層よく文意を生かせると思う．上の文がむずかしく感じられた理由の一つは，than 以下の部分が省略されていることである．No other river in the United States is longer than the Mississippi. が The Mississippi is the longest river in the United States. と内容的に同一であるのは，文の書き換え問題で学んでいる人も多いと思う．

　もう一つ，こういう場合はどうだろう．若い恋人同士が言い争いをした時，女性の方が悲しそうな表情で，I've never been more miserable in my life. と言った．この文はどう訳せばよいか．今述べたコンテクストから判断して，とても悲しい，と言っているに違いないのだが，「私はこれまでの人生で決してよりみじめだったことはない」としたのでは，彼女の真意は伝わらないのではないか．この場合も，もし than now という句が省略されていなければ誰にでも正しく解釈ができる．正解としては，「こんなにみじめな思いを，これまでしたことなんか一度もないのに」でもよいし，もう少しはっきりさせて，「すごくみじめ，最低の気分よ」くらいに訳してもよい．

　比較級の代りに so を用いている場合も，大体同じように考えてよい．パーティの席で日頃酔払うことのない同僚がひどく酔っているのを見て，He has never been so drunk. と評した．どういう文意か．もちろん drunk の次に as now が省略されているのだから，「こんなに彼が酔ったのは初めてだ」

とすればよい。間違っても,「彼は決してそんなに酔ったことはない」で済まさないように。今の文は, He has never been more drunk. でも同じである.

9. 文と文の関係

まず二つの文例を挙げる.

例 1

　Mr. Brown coughed. He had just caught the stern eye of a waitress on the other side of the counter. "Perhaps," he said, "we'd better go. I'll see if I can find a taxi."

　ブラウン氏は咳払いした。カウンターの向う側のウェイトレスのきびしい目差しを見てしまったからだ。「もう帰ったほうがよさそうだね。タクシーがひろえるか見てこよう。」

Mr. Brown coughed. という文と, 次の He had 以下の文との関係はどういうものだろうか. 前文の咳払いの理由が後の文で述べられているのである.

例 2

　He was about to add that Paddington seemed to have rather a large head anyway but he changed his mind. Bears were rather unpredictable. You never quite knew what they were thinking and this one in

96

> particular seemed to have a mind of his own.
>
> 　パディントンはどっちみち頭が大きすぎるようだと言おうとしたけれど，彼は思いとどまった．なにしろ，熊というのはどうも予測のつかぬものだからだ．何を考えているのやらまったく分からない．とくにこの熊は独特の意見を持っているようでこわい．

　ここも帽子売場の係員が意見を述べそうになったのに口を閉ざした理由が後の文で説明されている．この二例とも，後の文が前の文の理由になっているのだから，for という接続詞が用いられている場合もあり，その場合はすぐ分かるのだが，上の二例のようにそれがないことも多いので注意が必要である．どうして for がないのか，また日本語に訳す時にどうして「〜というのは，だから」などを補った方がよいのか．私はこう理解している．英語の方が日本語より文と文との結びつきが緊密なので，全体の論旨を論理的にたどれば，自然に「理由」が与えられるからだ，と．

　前の文が理由になって，後の文が「それ故〜である」という内容の場合でも，日本語なら「それ故」というつなぎの語が入るのに，それにあたる therefore などが省かれていることが多いのも同じ理由によると思われる．結論として言えるのは，後の文と前の文がどういう関係にあるのかをよく考えること，そして「理由」だと分かったら，訳す時は「というのは」などを補うこと，である．

　前の文で述べられたことを後の文で補足している場合もある．

第 3 章　正しい読解のための 12 のヒント

> An hour later the coach drew up at an inn to change horses, and by that time the situations were exactly reversed. The Frenchmen had forgotten all about the danger, and were chattering gaily; the Englishmen had just begun to feel it, and one had a nervous breakdown and was obliged to go to bed.
>
> 1 時間後に馬車は馬をとりかえるために旅館のまえに止った．この時までに両者の立場は逆転していた．フランス人たちは危険のことは忘れて陽気にお喋りしていた．一方，イギリス人たちはようやく危険を感じ始め，中の一人などは神経がおかしくなって床につかねばならないほどだった．

これはイギリス人とフランス人の国民性の違いを論じた文章で，同じ馬車に乗り合わせた二つのグループの態度の変化を観察したもの．2 行目にある the situations were exactly reversed という文を，次の文が具体的に説明しているのはすぐ分かろう．「立場が逆転した」という表現は抽象度がやや高いので，すぐには何のことか充分には状況が頭に浮ばない読者もいるかもしれない．だから，次の文では同じ内容をより具体的に説明しているのである．このような場合，日本文では「すなわち」というような，つなぎの語を入れることもある．

同じような例をもう一つ検討する．アメリカの代表的な週刊誌の記事である．

9. 文と文の関係

> Right after that classic nightmare of having forgotten to study for the exam comes the horrific vision of taking the test only to have the answer sheet lost. Last week in New York City the vision became reality. Portions of 542 New York bar examinations disappeared from the state board of law examiners' offices.
>
> 試験の準備をしてこなかったという, 例の誰でも経験したことのある悪夢に次いで恐ろしいと言えば, 受験したのに答案をなくされるという身の毛もよだつ夢である. 先週ニューヨーク市でこの夢が現実となった. ニューヨーク州司法試験の542名分の答案の一部が, 州司法試験委員会の部屋から消えたのである.

冒頭の文章は新聞などの見出しよりは長い文なので何のことか分かるとは思う. しかし, 抽象的な表現ではないけれど, 夢の中味の具体的なことまでは想像できない. 次の文から, 事件の内容が, 試験の種類, 受験者の数, 起こった場所などが示されて, 初めて全貌が浮び上ってくる. 初めは読者の頭にやや漠然としたイメージが結ばれ, そのイメージが次第に鮮明にピントが合うのはよい気分である.

入試問題に長い文章の一部に下線を引いて, それを訳したり, 説明したりする英文解釈の問題がある. この種の問題でもっともすぐれているのは, 抽象度の高い, 漠然とした文に下線の引いてあるものだ. 答案を書く者は, その部分の前後(とくに後の文)をよく読んでピントを合わせてから, 下線の

第 3 章 正しい読解のための 12 のヒント

部分を検討すれば,どういうことだか理解できるのである.

同じ一つの文の中でも,前半で漠然としたことを述べ,後半でもう少し具体的に述べる場合がある.大まかに述べてから詳しく説明すると言ってもよい.ここに掲げるのはラフカディオ・ハーンの語る『食人鬼』("Jikininki")の怪談で,夢窓国師が庵室に住む隠者(実は食人鬼)と出会った時の文章である.

> Muso Kokushi found himself kneeling alone in the high grass, beside an ancient and moss-grown tomb, of the form called *gorin-ishi*, which seemed to be the tomb of a priest.
>
> 夢窓国師は自分がたった一人で背の高い草の間で,五輪石と呼ばれる形の大昔の苔むした墓のかたわらでひざまずいているのに気づいた.墓は僧侶のもののようであった.

これを日本語にする時,「苔むした墓のそばにある高い草」のように beside … を high grass にかかる形容詞句とした人はいないだろうか.まず草原の中だと漠然と大まかに述べ,次に,草原といっても広いのだが,墓のそばという限定した所であり,さらに詳細を伝えれば,墓の型式は五輪石だ,と話をしぼり,ピントを絞ってゆく.百科辞典などの説明の仕方で,まず大きな活字で簡潔に大体の説明をし,次に小さい活字で詳しく補足している形式のものがあるが,それと似ていると思えばよい.

込み入ったことを述べる場合に，前の文で一応述べてから，in other words（別の言い方をすれば）というような句をはさんで，同じことを別の言い方で述べていることがある．こういう時も，in other words を省くことがあり，日本人としては，そのような句を頭の中で補いながら読むとよい．

10. 筆者の姿勢と文の調子

　正しく意味を取るので精いっぱいという段階から書き手の息遣いまで分かるようになるまでには，かなり距離があるようにも思える．けれども血も涙もある人間の書いた文章である以上，書き手の姿勢も探れるものなら探りたいと思うのは自然である．作者の文体や文章のあやまではなかなか味わえないとしても，たとえば，作者が描いている対象に対してどういう態度なのかさぐってみるのも興味深い．対象を批判しているのか，支持しているのか，中立的なのか．批判しているとしても，激怒しているのか，からかっているのか，同情をこめながらもけちをつけているのか，など気をつければ分かるはずである．

　むろん，書き手の感情が表面に出ない，客観的な報道のような記述の仕方もある．以下の文などはその一例である．

> In Asia and Africa there are vast plains of sand, upon which no grass grows, and through which no river runs. These plains are as smooth as the ocean unmoved by waves.

第 3 章 正しい読解のための 12 のヒント

> アジアとアフリカには広大な砂の平原があり，そこには草も生えぬし，川も流れない．こういう平原は波に動かされぬ大洋のように平らだ．

しかし作者の姿勢が行間に読み取れる文章も多くある．次に引用するのは，1960 年に，あるアメリカのマンションに「ピカソ」という名前がつけられた折に，Harry Levin という批評家がこの出来事を論じたものである．まとまった一節の最後の部分に，書き手のピカソ観が控えめに顔を出しているのを問題にしたいので，最初に全体の三分の二を原文と私の訳で読んでほしい．

> A new apartment building in New York City has been named The Picasso. Though I have not had the pleasure of seeing it, I would suggest that it ought to be hailed as a landmark, indicating that we Americans have smoothly rounded some sort of cultural corner. Heretofore it has been more customary to christen our apartments after the landed estates or the rural counties of England, as if by verbal association to compensate for the rootless transience of metropolitan living. A few years ago, the name of Picasso would have conjured up notions of a jerry-built structure and a bohemian ambience. Prospective tenants, in their perennial quest for comfort and security, would have been put off by a vision of collapsible stairways, rooms without floors, or neigh-

10. 筆者の姿勢と文の調子

bors with double faces and blue-green complexions.

　ニューヨーク市のある新築のマンションが「ピカソ」と命名された．私は残念ながらまだ拝見していないのだが，この建物はわれわれアメリカ国民がある種の文化上の曲り角というようなものを巧みに回り切ったことを示す目印として，歓迎されてしかるべきではないかと思う．従来，わが国のマンションは，イギリスの地所名とか地方の州名とかに因んで命名されるのが普通であった．これは，都市生活の浮草的な落ち着きのなさをせめて名称によって埋め合せようという狙いがあったようだ．数年前に「ピカソ」と命名したりしたら，建物は安普請，居住者は芸術家気取りのだらしない連中というような想像をかきたてたであろう．入居を考える人々は，常に快適で落ち着いた生活を求めているので，すぐ崩れそうな階段や床のない部屋，あるいは顔が二つあって青や緑の顔色の隣人を想像して，入居を取りやめたことであろう．

このように，アメリカの文化と社会の成熟によりピカソの絵画が受け入れられるようになった時代の変化を伝えてから，次の最終部がくる．

　But in the meanwhile the signature has brought untold wealth and unquestioned prestige to its signer, and now it becomes a warrant of domestic respectability. If this is not an arrival, no painter can ever be said to have arrived. But where? At the

> latest and strangest phase of a restless career, where previous arrivals have always been points of departure.

its signer というのは、もちろんピカソである。domestic respectability はむずかしい。「家庭的な信頼性」と日本語にしてみても、はっきりしない。コンテクストを考えると、このマンションの住人が他人に「自分はピカソというマンションに住んでいる」と言うと、それが立派な所に住んでいて、かっこうがよいというのである。「世間体のよい住居に住んでいる(保証)」とでも訳せばよく意味が伝わる。反逆児だったピカソの名が体面よくなり、貧しかったピカソが巨万の富を得た、という推移を書き手はやや皮肉に見ているらしい。それは untold と unquestioned というように頭韻をふませたり、respectability という従来の前衛的な画家の生き方と真向から対立する単語を用いていることでうかがわれる。さらに先を見よう。「もしこれが到着でないとすれば、到着したと言える画家は他に一人もいない」という表現も、到着したのを心から祝福しているものではない。到着、到達、達成したのをしぶしぶ認めているような感じである。But where?「それにしてもどこに到着したのだろうか?」と問いを発し、それに自問自答している最後の一文が問題である。a restless career「波瀾万丈の経歴」の最新の、もっとも奇妙な局面に達した、というが、どこが奇妙なのか。ピカソの生涯はどの局面でも、常識人から見れば常に型破りだったわけで、今回の局面が strangest と最上級を用いているということは、逆

に，型破りでなくなったので，これまでと比べて「もっとも奇妙」と表現したのであろう．

次の where は先行詞として career を考えるべきだが，phase だと誤解する人もいるだろう．where 以下は「以前の到着は常に出発点であった」ということだから，現在完了という時制を考えれば career にかかるのは明らかなはずだ．ところで，到達点が出発点となるというのは，どういうことだろう．到着したら，その地点に安住せずに，次の地点へ出発するということ．ここで正訳を示すと，

> ところが，この数年の間に，ピカソという署名はピカソ本人に莫大な財産とゆるぎない権威をもたらすようになり，ついに今やマンションの立派さを保証するものとなったのだ．これをある到達点に達したと言わぬなら，およそ到達点に達したと言える画家は一人もいない．だがピカソはどういう到達点に達したのか？　これまでは常に前の到達点が次の出発点となっていた，彼のあわただしい画家としての生涯における，もっとも新しい，もっとも奇妙な局面に達したと言うべきであろう．

筆者はピカソが，それ以前は一箇所に安住せずに次々に新しい境地を開拓していったのに，今回は，妙に安定してしまい，しかも前衛画家にしては世俗と妥協的になってしまったことに少し不満なのだ．ここまで行間を読めれば母国語を読解するのと同じである．まさに快読と言えよう．

文章が真面目なものか，ふざけているのか，というようなこともよく考える必要がある．筆者が軽く揶揄するように書

第3章 正しい読解のための12のヒント

いているのを，大真面目に読んではならない．感情的な文章と冷静で知性的な文章を混同してはならない．日本語の場合には簡単に見分けられるのに，英語だと直覚が働かなくなるのは，ある程度仕方がないけれど，可能な限り注意したいものだ．その勉強のために次の文を吟味してみよう．

> A friend of mine once maintained that there is a class of experiences we should all have had before death if we wished to claim to have lived fully. Believing one was certain to be drowned was an example. Being caught in bed — all this took place at a not very serious dinner party — with someone else's wife was another; seeing a ghost was a third, and killing another human being a fourth. I recall I was a little peeved to have to admit in secret that not one of these experiences had ever in reality been mine.

これは映画化もされた小説『フランス軍中尉の女』(*The French Lieutenant's Woman*)などで知られるジョン・ファウルズ(John Fowles)の短篇「哀れなココ」("Poor Koko")の一節である．ややむずかしいので，まず正しい読み方を示してから説明する．

> 自分は充実した一生を送ったと主張したいのであれば，死ぬまでの間に誰しもやっておくべき一連の経験がある．私の友人の一人がかつてそんなことを言い張った．自分

は間違いなく溺れ死ぬぞ、と思いこむ——それが一例だというのだった．他の例は，他人の妻と浮気しているところを見つけられる——なにしろ今の話はすべて気の置けないディナー・パーティの席でのことだったので——とか，幽霊を目撃するとか，他人を殺害するとか，そういうものだった．この話を聞いたとき，私は，自分が四例のどの一つも実際には経験していないと心の中で認めざるを得なかったため，少しくやしく思ったのを覚えている．

　内容からも語り口からも，誇張があり，ややホラ話に近いということに気づいたのであれば，しめたものである．それが分かれば，to have lived fully という句を「天寿を全うした」とか「立派な生涯を送った」などと解しうるはずはない．all this took place 以下の挿入文をどう解するかが問題である．「そういうことすべては面白半分の晩餐会などで起こりがちだが」というふうに訳すのは正しいか．ここでも常識を働かせてみると，たとえ堅苦しくない晩餐会であっても，そういう場で浮気の現場が見つかることはありえない．（晩餐会の「後で」というのなら話は別かもしれないが．）それに浮気以外の殺人体験が充実した生に必要だというのは，すべて冗談であろう．このように考えてくると，結論として，第一の例の溺死しそうになるというのはいいが，第二の人妻との浮気体験を口にした時，読者に「いや，どきっとしないで下さい，すべて気軽なパーティの席での冗談なのです，ご安心あれ」と一応断っているのだと理解できよう．

11. 論理的な整合性

ある小説の冒頭の一節を読んでみよう．4年前にイギリスに移住してきた中国系のチェン夫妻の新しい土地での居心地の悪さを描いたものである．

> The Chens had been living in the UK for four years, which was long enough to have lost their place in the society from which they had emigrated but not long enough to feel comfortable in the new. They were no longer missed; Lily had no living relatives anyway, apart from her sister Mui, and Chen had lost his claim to clan land in his ancestral village. He was remembered there in the shape of the money order he remitted to his father every month, and would truly have been remembered only if that order had failed to arrive. But in the UK Chen was still an interloper. He regarded himself as such. True, he paid reasonable rent to Brent Council for warm and comfortable accommodation, quarters which were positively palatial compared to those which Lily had known in Hong Kong. That English people had competed for the flat which he now occupied made Chen feel more rather than less of a foreigner; it made him feel like a gatecrasher who had stayed too

long and been identified. He had no tangible reason to feel like this. No one had yet assaulted, insulted, so much as looked twice at him.

前半は問題が少ないので私の訳例を示すことにする．

　チェン夫妻がイギリスに移り住んで4年になっていた．この歳月は故国との縁が切れてしまうには充分の長さだが，新しい土地で快適に暮すのには不足である．故郷で二人がいないのを惜しむ者はもう一人もいなかった．どっちみちリリーには，姉のムイ以外には現存する身内は誰もいなかったし，チェン自身は先祖の村にある一族の土地への請求権を失っていたのだ．故郷の村では，父に毎月送っている為替の送り主ということで記憶されているのであり，それとても，為替が届かなかった場合にのみ思い出されるというのが本当のところだったろう．

さて問題の後半の部分を考えてみるわけだが，まず平均的な読解力を持つ人がよく考えずに，やや機械的に訳してゆくとどうなるかを示して，それをていねいに吟味してみよう．

　けれどもイギリスではチェンはいまだにでしゃばりのよそ者だった．自分自身そう思っていた．事実，彼はブレント住宅公団に暖くて快適な宿泊設備，リリーが香港で知っていたものと比べれば断然豪華な住居に対して安い金額を家賃として支払っていた．しかしチェンが今住んでいるマンションに入りたがっているイギリス人が他にいたということで，彼は外国人であるということを今

まで以上に感じるような気がした.自分が長居しすぎてしまったから,仲間に入れてもらえた押しかけ客であるように感じたのだ.彼はそう感じる明白な理由は何一つなかった.じろじろ見られはしたけれど,襲われたことも侮辱を受けたこともなかった.

この訳文を一読してどういう印象を受けただろうか.論理的な文章といえるだろうか.原文との一対一の対応はきちんとできているようだが,一番の問題は「事実……」のところである.原文では True, ... となっていて,この構文はよく知られていると思う.It is true that the project involves a certain amount of risk, but I still think we should go ahead. (その計画はある程度の危険をともなうのは確かだけれど,それでもやはり推進すべきだと思う.)というのが典型的な例文であり,true 以下が事実なのを認めつつ——譲歩しつつ—— but 以下で自分の意見を出すのである.だから,大事なのは but 以下がどこにあるか,ということである.ところが,上の訳では,「事実……」はあっても,but 以下が存在しないような形になっている.この訳だと,「でしゃばりのよそ者」だと自認しているし,事実もその通りで,快適なマンションを安い金額で占有していた,ということになる.ところがそれに続く文章では,客観的に見ると,「でしゃばりのよそ者」と自認する根拠はないと記してある.論理の矛盾があるのだ.

ここで再び「but 以下」探しをすると,それは True の後でなく,前にあることが分かる.He regarded himself as such. である. It is true that he paid reasonable rent …, but he regarded himself as an interloper. と書き直せば，論理の一貫性がはっきりする．このように読めば，訳文は次のようにすれば原文の論理を正しくとらえたことになる．

> けれどもイギリスでチェンはまだ闖入者だった．少なくとも彼はそう思っていた．とはいえ，暖かく快適なアパートを借りるのにブレント住宅公団に対して相当額の家賃をちゃんと支払っていたのである．この住居は，リリーが香港で住んでいたものと比べるとまさに宮殿とも言えるほど立派だった．

この正訳と先の訳と比べると，細部だが，家賃について「安い」と「相当額」と違った訳語を与えているのに気づく．英語は reasonable rent である．ある商品の値段が「安い」というのは，英語では reasonable とすべきであって，cheap というのはやや不適当とされているのをご存じだろうか．cheap という語には「安っぽい，安かろう悪かろう」というニュアンスがあるのだ．reasonable は「これだけの品質なのに高くない，もうけ主義でなく正しい値段だ」というニュアンスである．したがって「無理して低めにおさえてある」というニュアンスもこめられているので，場合によっては，「安い」の訳語がぴたりのこともある．ただし，問題の箇所で「安い」としてしまうとどうなるか．良質のマンションに安い料金しか払っていないのなら，第三者から見ても図々しい人 interloper（闖入者）だという，誤った方向に論理が流れて行ってしまう．正しい文意は，彼は客観的な根拠はないの

に，闖入者だと感じていたということを，もう一度確認しておく．

12. 深く読む楽しみ

　同じチェン夫妻の話の例文の最終部分を検討してみよう．前節に示した訳例を見ていただきたい．マンション入居希望者がイギリス人にもいたというので，自分が外国人だとあまり感じなくなったというよりは，むしろますます外国人なのだと感じた，というが，それはどうしてだろうか．チェン以外の同じ立場の中国人で，太っ腹の人なら，イギリス人と平等になれたと思う人もいるだろう．チェンは敏感な性格なので，そのことで異邦人意識を強くいだかされた．希望者が複数いた場合，どのようにして入居者を決定するのか，抽選ならチェンも妙に勘繰る余地はなかっただろうが，この場合は，おそらく希望者の収入その他さまざまの事情を考慮して住宅公団で決定したものと想像される．今の時代は弱者や外国人や肌の色の違う人を優遇するという，いわゆる「逆差別」が行われることがある．チェンはそれを考えたのであろう．弱者や外国人の中にはそれをただ喜ぶ人もいるだろうが，どうやらチェンはそうではない．不当に優遇されるのは，他の希望者に悪いし，それに，「逆差別」であっても，やはり「差別」には違いない．これがチェンの気持であろう．原文を繰り返し読んで，また，自分をチェンの立場に置いて想像してみれば，以上のようなことまで読み取るのは可能だと思う．そこまで読みこむのが，原文を充分に楽しむことではないだ

ろうか．

　ところで，せっかくそこまで原文の雰囲気というか，作中人物の気持が分かったのであるから，訳文を作るとすると，前節に示したものより，もう少し工夫をしたくなる．たとえば，

> このアパートへの入居希望者がイギリス人の間にも大勢いたのであったが，チェンはそのことでイギリス人の仲間になれたと思うどころか，逆に，自らが異邦人なのだという思いを募らせた．招待もされぬパーティにやって来て，長居したため身元がばれてしまった者のような気がしたのだ．といって，このように感じる具体的な理由はなかった．イギリス人は誰一人彼を襲うことも，侮辱することもなく，それどころか，振り向いてじろじろ見ることもなかった．

読者の中には，この訳だと原文よりも分かりよいけれど，必ずしも原文にない説明を補っているように感じる人もいると思う．一般的な議論として，誰が読んでも論旨のたどりにくい難解な原文を，分かりやすく解説しながら平明な訳文にしてしまっていいかどうか，と問えば，答は否定的にならざるをえない．けれども，英語と日本語のようにこれだけ系統の異なる言語間の場合は，訳文が多少とも説明的になるのは許されるように思う．もちろん，常識の範囲でのことである．上の場合は許容範囲であろう．あまり内容や論理の発展の具合を考えずに機械的に英語を日本語に置き換えるより，正しく解釈し，その解釈を活用して，多少原文を離れても，また

第3章 正しい読解のための12のヒント

説明臭が出ても,論理のよく通る平明な日本文にするほうが,ずっとよいと思う.

最後にもう一つ深く読むための練習をしてみよう.全体としてまとまっているので繰り返して読み,コンテクストなどを考えつつ全体の論旨をたどるようにしてほしい.

> The desire for something like sympathy and love absolutely devoured me. I dwelt on all the instances in poetry and history in which one human being had been bound to another human being, and I reflected that my existence was of no earthly importance to anybody. I could not altogether lay the blame on myself. God knows that I would have stood against a wall and have been shot for any man or woman whom I loved, as cheerfully as I would have gone to bed, but nobody seemed to wish for such a love, or to know what to do with it. Oh the humiliations under which this weakness has bent me!
>
> Often and often I have thought that I have discovered somebody who could really comprehend the value of a passion which could tell everything and venture everything. I have overstepped all bounds of etiquette in obtruding myself on him, and have opened my heart even to shame. I have then found, that it was all on my side.

19世紀のイギリスの文人,マーク・ラザフォード (Mark

12. 深く読む楽しみ

Rutherford）という人のエッセイである．最初から読んでみよう．devour, dwell on という単語，熟語は知らなければすぐ調べる．前者は「（人を）とりこにする」，後者は「じっくり考える」だ．had been bound は，すぐ浮ぶのは「しばられる」ということだけれど，ここはコンテクストから判断して，人と人とが心が固く結ばれるというプラスの意味であるはずだ．my existence 以下の形容詞句は，of no importance という句を強調して，importance の前に earthly がついているだけである．次の not altogether が部分否定であるのは分かると思う．God knows というのは，丸暗記している人はすぐ「神のみぞ知る」と解する．しかし，ここではそれではコンテクストを無視することになるので気をつけたい．この句は，「神しか知らぬ」という場合と，「神も知っている」という場合と両方ある．前者は「誰も知らない」となり，後者は「誰もが知っている確かなこと」となる．ここでは後者であり，要するに that 以下の内容が真実であるのを強調しているのである．仮に「誰も知らない」のだとすれば，but 以下で，私の愛情の深さを誰も知らないのは当然のことになってしまう．おかしくはないか．論理的な矛盾を避ければ正しい理解につながるのである．have stood against a wall and have been shot がどういうことなのか，これは想像力を働かせなくてはならない．「壁を背にして立って撃たれる」というのだから，銃殺刑に処せられることだと勘を働かせるのは困難だろうか．次の for は「～のために」でも「～の代理に」でも，どちらでもよい．this weakness は「弱点」であり，他人の愛情を熱望する気持を指すわけである．bent me

115

第3章 正しい読解のための 12 のヒント

は「私を屈服させた」が直訳．

　二節目の a passion which could tell everything and venture everything は分かるだろうか．「どんなことでも話せ，どんな危険でも冒せるような情熱」と正しく理解できればよい．二節全体が上の humiliations の中味であるのはぜひ理解してほしい．これは，第9節で説明したように，英語の表現方法の一つで，まず大まかに抽象的に述べ，その後から，より具体的な内容説明が続くのである．さらに言うと，tell everything and venture everything を別の言い方にしたのが，下の obtruding myself とか，opened my heart even to shame である．強調のために，同じことを繰り返す場合，このように違った語句を用いることがよくある．最後の all on my side は「一人相撲」のことだから，辞書に引きずられて「私の味方」などとしてはいけない．だいたい，次のように解せれば快読と言ってよい．

> 共感とか愛情とかいうようなものに対する渇望にすっかり心を奪われてしまった私は，詩や歴史に登場する，一人の人間が別の人間と愛し愛された事例のあれこれに思いをいたした．比較してみて，私の存在はどこの誰にとっても何の価値もないのだと覚った．しかし，その責任を私にだけ負わせるわけにはいかなかった．私だって，愛する人のためなら，男であれ女であれ，身代りとして壁を背にして銃殺されることになっても，寝室に向かう時のように嬉々として応じただろうと，嘘いつわりなく断言できるからだ．けれども誰一人として私のこのよう

12. 深く読む楽しみ

な強い愛を欲しがる人は存在しないようだったし，また，そのような愛にどう対処してよいか分からぬようだった．こういう渇望の故にこれまでどんな屈辱をなめてきたことか！

　どんなことでも打ち明けられ，どんな大胆なことでも辞さぬような愛——その価値を本当に理解してくれる人を，今度こそ発見したと，これまで何度思ったことだろう．そういう人に，私は当然守るべき礼節の枠を越えて押し付けがましく接近し，胸襟をひらいて恥ずかしいことまで打ち明けたりした．そのようにしてみて分かったのは，すべてが私の一人合点に過ぎなかった，ということだった．

このように訳せば作者の心の奥までのぞきこんだわけで，「深く読む楽しみ」は味わったものの，ラザフォードのように繊細で世に受け入れられなかった人の場合，読む者まで巻きこまれてさびしい気分に襲われてしまう．きちんと読めない人なら，きっと平気だろうけれど，分かりすぎるのも時には悲しい．英文を読んで，おなかをかかえて笑ったり，目からポロポロ涙したりできるようになれば，しめたもの．英文快読術を完全に身につけた何よりの証拠なのだから．

第4章
英文解釈から翻訳へ

第4章 英文解釈から翻訳へ

1. 誤訳の問題

誰でも誤訳はするのだが，ここでは翻訳を専門とする人たちの犯す誤訳について述べる．大人のための英語に関する書物の中に翻訳法を説くものもあり，そのほとんどすべてが誤訳を指摘している．つまり，「誤訳」とはっきり銘打ったものはもちろんだが，『翻訳上達法』などという題名の本も，誤った訳文を例として正しい訳し方を説くという場合が非常に多いのだ．「人のふり見てわがふり直せ」は何事についても賢い学習法の一つだが，世に行われている翻訳にはそんなに誤りが多いものなのだろうか．残念ながら，どうもそうらしい．というのは，引き合いに出されている誤訳の実例を見ると，文芸書，人文科学，社会科学，自然科学など，どの分野の翻訳書でも，一応名の通った人たちの手になるものなのに，相当にひどい誤りを犯しているからである．

10年以上にわたって誤訳指摘の良質な仕事を最も精力的にしているのは別宮貞徳氏である．氏は『翻訳の世界』誌上で毎月広い分野の欠陥翻訳の批判を継続している．そしてある程度まとまると単行本に再録し，この単行本は10冊近くにのぼっている．それも文芸春秋という一般人を読者とする出版社から出ているのである．むろん英語の翻訳をやってみたいと考えている人は全国ではかなりの数になるだろう．英文科，英語科のない短大や大学は探すほうがむずかしいくらいであり，ここで学んだ人，とくに女性の中に翻訳をやってみたい，うまく行けば，それで身を立てたいと願う人がいる

1. 誤訳の問題

のは当然である．けれども，そういう願いを持つ読者だけが，翻訳，誤訳という名の本の売れ行きを支えているのではないと思う．なんといっても翻訳を本気で学ぼうとする人の数は限られているのだ．また，有名な訳者の誤りが指摘されるのを野次馬気分で楽しもうという読者も，ものがものだけに，そう多くはありえない．とすると，別宮氏その他の本が多数の読者に歓迎されているというのは，第1章で述べた日本人一般の英語への熱いまなざしによってしか説明できない．

ところで，氏の批判によって訳文の非を覚った訳者と出版社が当該書を絶版にし，改訳版を出そうと決定した場合もあるという．ただしどうやらまだ数例しかないようだ．誤訳を指摘された側からの反論は意外に少ないようで，反論から再反論と発展し，かなり激しい論争になった例は，経済学者との間の二例ぐらいだけらしい．かつて岩波文庫で誤訳の指摘に応えて問題の訳本を絶版にした例があったのを私は知っているが，一般的にはそういう良心的な対応はきわめて珍しい．どうして正しい批判に頬被りしていられるのか，私などはその無神経さにあきれるけれど，どうも批判の対象にされたのは運が悪かっただけと居直っているようだ．つまりその程度の誤訳はどの訳者もしているということらしい．

誤訳を指摘するというのは，ともすると，うさんくさいことのように思われることがある．他人の仕事について，非生産的なあらさがしをするように感じられるからである．たしかに誤訳指摘という仕事は，良識をもって行わないと，単なる意地悪，いちゃもんつけに終ることもありうる．どんな良訳でもいくらかの誤訳は避けがたい．問題は誤訳の量と質で

ある。正直な話、意図的に非難しようと思えば、どのような訳書でも、あたかも間違いだらけであるというような印象を与えることは不可能ではない。目を皿のようにして探せば誤りは見つかるから、これを針小棒大に扱えばよいのだ。別宮氏はもちろんそのことはよく認識していて、質量ともに本当にひどい場合しか取り上げていない。どこまでなら許容範囲かという線は引きにくいが、とにかく日本人全体の語学力が向上していると想像されている今日であるのに、いまだにひどい悪訳が大手をふって横行しているのが現状であるようだ。

　一口に悪訳といっても、大きく分けて二種類ある。語学的には正確だが、日本文として読めない場合と、逆に日本文としては達意なようだが、語学的には誤りが多い場合である。両方とも有害なのは申すまでもない。ある時、読書好きな若い知人に、話が面白くて内容豊富なある小説を推薦したところ、前に翻訳で読んだけれども読み通せなかったというので奇妙に思い、訳者の名を聞いて納得がいった。つまり、語学的にはそれなりに正確な知識はあるのだが、明快な日本文の書けない訳者の手になるものだったのだ。せっかくの原書を台無しにした罪は重い。だが、この種の悪訳が誤訳指摘の対象になるケースは少ない。おそらく、日本語としてリーダブルか否かという問題になると、どうしても主観の差という議論になりがちだからであろう。「原文が読みにくいのだから、訳文が読みにくくても仕方がない」というような弁解もよく聞かれる。

　そこで誤訳指摘は、訳者の語学力の不足を問題にすることのほうがずっと多い。語学力といっても、単なる文法のみで

1. 誤訳の問題

なく，ある単語に皮肉な調子があるのにそれを見逃しているとか，作中人物の見解が述べられているのに，それを作者の意見だと誤るとかいうことも問題にされるのである．要するに，原文を，雰囲気を含めて的確に理解していないことが非難されるのである．訳者はどの分野であれ，水準以上の外国語の読解力があるはずなのだが，別宮氏その他の人が挙げている多数の例を見ると，英文法の基礎力もない訳者，勘を働かせる能力のない訳者が相当存在していると考えざるをえない．一体どういうことか．プロといわれる人まで，日本人はそんなに英語が不得手なのだろうか．

この答えのヒントとなる事実を述べよう．私は長い間大学で英語を教えているが，教室で使用する講読用のテキストには注釈がついているのが普通である．注釈をつけているのは，全国の英米文学，英語学，英語教育の研究者であるから，英語の達人と見てよい．ところが，こういう注釈には，背景となる風俗習慣の無知だけでなく，文法や単語に関する初歩的な誤りがとても多いのだ．授業と授業の合間の休み時間での教師たちの話題は，しばしば注のおかしな誤りに関することになる．こういう注釈者が翻訳をするとすれば――実際にしている人もいる――ひどい誤りを犯すに決まっている．

結論からいうと，日本では英語を専門とする人びとの中にも，真の英語力を持っていない者が少なくないという嘆かわしい事実を認めなくてはならない．以下，いくつか誤訳の実例を挙げてみよう．

サマセット・モーム『作家の手帖』(Somerset Maugham, *A Writer's Notebook*)に次のような一節がある．

第4章 英文解釈から翻訳へ

> The other day I went into the theatre to see a Cæsarian. Because it's rarely done it was full. Before starting Dr. C. made a short discourse. I didn't listen very attentively, but I seem to remember his saying that the operation so far was seldom successful. He told us that the patient couldn't have a child naturally and had to be twice aborted …

この翻訳は次のようになっている.

> 先日僕は，シーザリアン(シーザーの芝居)を見に出かけた．それは珍しかったので，劇場が満員だった．開幕前に C 博士が何か話しかけた．よく聞いていなかったが，シーザリアン(医学的には帝王切開手術の意)というものはほとんど成功しないと云ったのが耳に残っていたような気がする．
>
> 彼が，今度の患者は自然分娩ができないので，すでに二度堕胎していると我々に話した．

Cæsarian は帝王切開手術のことであり，したがって theatre は医学生が手術などを見学するための階段教室であり，劇場などではない．既知の単語でも，前後の文章と合わないと気づいたら，すぐ辞書を引くという努力を怠ったための誤りである．同じ本から，もう二つ挙げる．

> What mean and cruel things men can do for the love of God.

> 神の愛に対して人間がなす事は，なんと卑しく残忍なものだろう．

この文の少し前に，「宗教家が善行をつむのは報酬目当てでなく，'for the love of God' だと主張しているのは欺瞞だ」という一文があるのを考えると，この訳はおかしい．この訳では，神の愛への返礼としてひどいことをしている，という，まるで書き手(この場合は若い日のモーム)に宗教心があるかのような印象を与えてしまう．正しい訳は「神への愛のためと称して，どんなに卑しく残忍なことを人間はするものだろう」ということになる．the love of God も正確には神を人間が愛するのであって，その逆ではないのだ．

> There are so many people in the world that the action of an individual can be of no importance.

> 個々の行動が少しも重要でない人々が，世の中には多過ぎる．

これだと世間にはくだらぬ人が大勢いる，ということになるようだが，正しくは，「世の中には人がとてもたくさんいるのだから，一個人の行動など何の価値もありえない」とすべきだ．

次に挙げるモーム『聖火』(*The Sacred Flame*)の一部は実にいい加減な訳なので，こういうものが世間で通用しているとは信じがたいと思う人もいるであろう．しかし，この訳で実際に公演されたのである．まず原文から引用する．飛行機事

第4章 英文解釈から翻訳へ

故のため寝たきりになっているけれども、いつも明るくふるまい、冗談ばかり飛ばしている夫が、急に真面目になったのを不審に思う妻——この二人の間の対話の場面である。どうして今日に限って真面目なのかという妻に答えて夫は言う。

> MAURICE: [*Smiling.*] One can't always jump through a hoop to make people laugh. It's hardly becoming in a gentleman approaching middle age who's chained to an invalid bed. You must forgive me if my flow of jokes sometimes runs dry.
>
> STELLA: You're sure you're not worrying about anything?
>
> MAURICE: You know, when you're shut up as I am you find out all sorts of interesting things. Being an invalid fortunately has its compensations. Of course, people are very sympathetic, but you mustn't abuse their sympathy. They ask you how you are, but they don't really care a damn. Why should they? Life is for the living and I'm dead.

上演に使われた訳文は次のようになっている。

> モーリス:(微笑) 人間て、ひっくり返って、ひとを笑わせてばかりはいられないからさ。それに、病床という奴に縛られている中年になりかかりの男が、一人前の紳士にはなりようがないんだ。だがね、ときどき冗談がはずみ過ぎて、気を悪くさせるかもしれないが、

1. 誤訳の問題

　　許して貰いたいな．
ステラ：本当に何か気にしているんじゃないの．
モーリス：僕のようにね，すべてを横目でみるようになると，面白いもんだよ．病人になると，それはそれで得なところもあるもんでね．無論みんな親切になるが，その親切にいい気になったら大変だ．みんな，どうお加減は，なんて訊いてくれるが，別に心配しているわけじゃない．ではなぜだろう．つまり，生きてる人間に対する言葉じゃないんだ，僕は死んじまってるのさ．

　Maurice の最初のせりふの 3 行目の becoming というのは He will become a kind husband. の become とは違い，This red dress becomes her. の become の現在分詞である．「なる」でなく「似合う，ふさわしい」である．この点を誤解している．5 行目の runs dry は「冗談がはずみ過ぎる」というのでなく，「枯渇する」ということ．この発言は冒頭にもあるように，今日に限って冗談を言わないのを不思議に思った妻から「どうかしたの？」と質問され，冗談の言えない時だってあると弁解しているわけである．こういうコンテクストを無視している点にこの誤訳の大きな欠点がある．Maurice の二番目の発言では最後の 2 行がとくにひどい．この Why should they ? は they の次に really care が省略されているのに，それに気づいていない．この疑問文は「なぜだろう」という単純疑問ではない．「どうして彼らが私の病気のことなど気にかけなくちゃならないなんてことがあろうか，いや，そんなことはない」というのである．最後の文は，この訳だ

第4章 英文解釈から翻訳へ

と,人々の「お元気ですか」という言葉は生きている人間に向って言っているのではない,ということになるが,そうではない.人生は生きている人々のためのものだ,というのが正しい解釈だ.さらに細かい点の不備は,念のため次に正しい訳を示しておくので較べて下さい.

> モーリス:(微笑を浮べながら) 人を笑わせようとして,いつも面白い芸をご披露しているわけにはいかないものね.病床にしばりつけられている,中年にさしかかった紳士にはあまり似つかわしくないことでもあるし.だから,ぼくが冗談をうまく飛ばせぬことが時にあっても,大目に見てほしいな.
> ステラ:何か気にかかることがあるっていうわけじゃないわよねえ.
> モーリス:いいかい,ぼくみたいに寝たきりになっていると,いろいろと面白いことが分かってくるものなんだ.病人であることにも,幸い,それなりに埋合せはある.もちろん,皆さんとても親切に同情して下さるさ.でも,同情心に甘えたりしちゃいけない.お加減いかがですか,なんて尋ねて下さるけれど,本気で気にしてくれているわけじゃないね.だって,そんなはずがないじゃないか.人生は生きている人たちのものだし,この僕は死んでいるんだから.

もう一つだけ引用するが,これも学界でも名の通った訳者のものである.作品はヘンリー・ジェイムズの『ロデリック・ハドソン』(Henry James, *Roderick Hudson*)という小説で,

1. 誤訳の問題

7章の終り近くの箇所に次のような，芸術家 Roderick とそのパトロンの友人 Rowland のやりとりがある．Roderick の完成した彫像について Rowland が意見を述べる．

> Rowland offered several criticisms of detail and suggested certain practicable changes. But Roderick differed with him on each of these points ; the thing had faults enough, but they were not *those* faults. Rowland, unruffled, concluded by saying that whatever its faults might be, he had an idea people in general would admire it.
>
> 'I wish to heaven some person in particular — but not you again, confound you !' Roderick cried — 'would buy it and take it off my hands and out of my sight ! What am I to do now ?' he almost imperiously went on. 'I haven't a blamed idea. I think of subjects, but they remain mere idiotic names. They're mere words — they're not images. What am I to do ?'

上記の翻訳は次のようになっている．

> ローランドは，細部についていくつかの批評を言い，実作上の変化をいくつか示してみせた．しかしロデリックは，それらの点の一つ一つに異論を唱えた．その作品は欠点をたっぷり持っていたが，しかしそれらは，いわゆる欠点ではなかった．ローランドは，冷静にこう言っ

129

て言葉を結んだ――たとえそれの持つ欠点がどのようなものであろうとも，きみは大衆が称讃するようなアイディアを持っているのだ．

「ぼくは特に天国に行ってほしい人間がいる――しかし，あんたじゃないですよ，こんちくしょう！」ロデリックは叫んだ――「買いたくなったらさっさと買って，そいつをぼくの手にとどかず，目に見えないところへ運んで行くがいい！　さあ，現在のぼくはどうしたらいいんだろう？」と彼は傲慢ともいえる態度で言葉をつづけた．「ぼくは，いまいましいアイディアなんざあ持っていないんだ．ぼくが考えているのは，主題のことなんだ．ところが，そういう主題は，ばかげた名前だけになってしまう．そいつらは，単なる言葉にすぎず――イメージにはならないんだ．ぼくはどうしたらいいんだろう？」

日本語として意味の通らないところだらけではないだろうか．初歩的な英語の常識にも欠けている．

3行目の the thing had faults 以下は，ロデリックの反論であるから，彼の言葉として訳さねばならない．but 以下の they were not *those* faults は「いわゆる欠点ではなかった」というのでは意味をなさない．「あなたの指摘しているような欠点ではない」つまり，あなたの指摘は見当外れだと主張しているのである．6行目の he had an idea 以下は，まず he had an idea は he thought とだいたい同じだと気づくべきである．たとえば，I have an idea〔that〕she is a kind girl. は「あの人は親切な娘さんだと思います」という意味．

それからこの訳ではheをロデリックだと思っているようだが，正しくはローランド自身である．admire itのitはロデリックの完成した彫像を指しているのだが，この訳ではアイディアだと誤解している．

後半に行くと，I wish to heavenは「天国に行ってほしい」ということでなく，「神に向ってお願いする」というのであり，願いの中味は誰かが作品を購入してくれることである．would buy it and take it以下の主語がsome personであるのに，この訳者は分かっていないらしい．I haven't a blamed idea. というのは，まずblamedは表面的には「いまいましい」だが，しばしば単なる強めとして用いられる．それからhave an ideaは，さっきもあったが，thinkという意味に使うのが普通．したがってこの一文は「まったく見当もつかない，全然分からない」ということであり，すぐ前のWhat am I to do now? という自問への解答なのである．they remain mere idiotic namesは，主題がばかげた名前だけになる，というのではない．芸術家は主題，たとえば「友情」という抽象的なテーマを思いついたら，これを具体的な作品として形象化しなくてはならない．ところが今のロデリックにはそれが出来ず，ばかばかしい名前だけに終り，作品へと発展させられないのである．

その他，細かいことは述べず，正しい訳を示す．比較すれば誤訳のすさまじさが感得されると思う．

　　ローランドは細部について二,三批評の言葉を述べ，具体的な改善案を提示した．しかしロデリックはすべて

の点で異論を唱えた．曰く，この作品にはたしかに欠点はあるけれど，きみの指摘したような欠点とは違う，というのだった．ローランドは平静な口調で，欠点がなんであれ，一般大衆はこの作品に感心するのじゃないかと思うな，と断定するように言った．

「特定の誰かが――といっても，くそ，またきみがというのじゃないぜ」とロデリックは声を高めて言った――「これを買って，ぼくの手元から引き離し，目の届かぬところに持っていってくれたらどんなにいいかと思うよ．ぼくはこれからどうしたらいいのだ？」彼は横柄ともいえる口調で続けた．「全然見当もつかないぞ．主題は思いつくのだけど，単にばかばかしい抽象的概念のままなのだ．単に言葉であってイメージにまでふくらまない．これからどうしたらいいのだ？」

誤訳を指摘されて喜ぶ人はいない．小林秀雄の場合はよく知られている．自分のランボーの詩の翻訳の誤りを指摘する文章を読み，烈火のごとく怒り，紙面をびりびりと引き裂いたと伝えられている．おそらく，小林としては，自分は語学力の点は少し弱いかも知れないが，ランボーの詩はだれよりも深く理解しているのであり，文学の分からぬ語学教師風情にけちをつけられてたまるものか，と言いたかったのであろう．たしかに，誤訳はあっても小林訳でランボーの詩の世界に導入された文学愛好者が相当いることは，だれにも否定できない事実であろう．

けれども，私がここで引用したものや，別宮氏その他によ

って不備を批判された翻訳の大部分は，小林秀雄の場合のような風格，迫力，読者への影響力を持たず，より低い次元で問題にされて当然のものである．翻訳論議がより高い次元で，つまり，初歩的な語学力の欠陥などでなく，原文のニュアンスをどのように移し得たかという点などを問題にする日が到来すればよいのだが，現状ではその日はまだ遠いようである．

　したがって，今のような次元のものであっても，誤訳の指摘の仕事には積極的な意味があると思う．日本のように同業者への批判がタブー視されているような国では，意外なほど勇気の要る作業なのだ．批判する者自身もきっと翻訳の仕事をしているであろうが，その翻訳を前述のように悪意をこめて非難しようと試みれば，その人自身も欠陥翻訳をしているかのように見せるのは不可能ではない．正しい判断力を持たぬ一般の人は，日本の翻訳者は，批判されている者も，批判している者も，要するに五十歩百歩に過ぎないのだと思いこんでしまうかもしれない．願わくば，素直に批判に耳を傾ける良識のある訳者，出版社がふえてほしい．また，一般読者も翻訳書を読んで理解できなくても，自分の頭のせいにしないでよい場合も多いのだと心得てほしい．そして遠慮なく批判の声を高めてほしい．外国のものなのだから訳文が変でも仕方がない，というあきらめは不要である．

2. 翻訳への道

　本書は正しい英文の読み方・味わい方を説くのを目的としているのであるが，正確な英文解釈がそのまま立派な翻訳と

第4章 英文解釈から翻訳へ

して通るというものでもないので、どう工夫すればよい翻訳になるかも考えてみたいと思う。だいたい、英文解釈はその成果を紙に書く必要はないのである。自分で読書して楽しんでいればよいのであって、他の人のために訳してあげなくてはならぬ義理はない。ただ英文解釈の学習の場合にも訳文を書いてみるのは有効であり、日本文を書く以上、日本文として一本立ちのできる程度にきちんとした通りのよいものが望ましい。翻訳とは、原文を文法的にも内容的にも正確に読みほぐし、それをできるだけ過不足なく伝える日本文に移す作業だとすれば、英文解釈とは切っても切れない縁にある。

ただ私としては、よい翻訳は正しい解釈に基づくしかない、という立場を取っていることを明らかにしておきたい。「英文の意味はよく理解できたけれど、うまい日本語にならない。どうしたらよいか」という質問をよく受ける。私自身よい答があったら教えてほしいくらいだ。しかし、多くの場合、「よく理解できた」という判断が甘いのである。原文の隅々までよく分かり、その文章について何を訊かれても正しく答えられる段階まで達していれば、まず翻訳はできるものである。たとえば次の文章を見てほしい。

> Following the doctor's prescription used to be simple enough. You dutifully swallowed your pills, smeared on your ointment or gulped down your medicine. And that was it. But physicians are finding that the old-fashioned ways of delivering medication can render treatment hopelessly ineffective — even

> dangerous. Some people just forget to take pills, and repeated trips to the doctor for shots can be unpleasant and expensive.

　これを「昔は医師の処方に従うのは充分に単純だったものだ。人は忠実に錠剤を飲み下し、軟膏をぬりこみ、薬をぐっと飲んだ。そしてそれだけだった。しかし医師たちは、旧式の投薬法は治療を絶望的なほど無効に——危険にさえしているのを発見しつつある。ある人々は錠剤を飲むのを忘れて注射をしてもらいに医師のもとに何度も通院するが、これは不快で高過ぎる」としたらどうだろう。

　アバウトな訳ならこれでよいと考える人もいよう。しかし、こなれた日本文とはとても言えない。日本語表現の不備もあるけれど、原文理解が不充分なのだ。「薬をぐっと飲んだ」というが、前の錠剤は薬ではないのか。medicine は「水薬」のことだ。And that was it. は「そしてそれだけのことだった」という一種のイディオム。旧式の投薬法は治療を絶望的なほど無効にしている、というけれど「常識」に照らしても、そんなことはないように思う。普通の病気は薬でだいたい直っていたのではないだろうか。そこで原文をよく見ると、can が入っているのに気づくはずだ。それから最後の文は、「薬を飲み忘れ、その結果、代りに注射をしてもらいに通院する」というが、痛い注射をいやがって代りに飲み薬をもらう人はいても、逆の人がいるだろうか。ここは前半と後半を切り離すべきだ。and があるから結びつける、というのは読みが甘い。以上述べたことを念頭に置けば次のように訳せる。

> 医者の処方に従うのは従来はごくたやすいことだった．言われた通りに錠剤をのみ，軟膏をぬり，水薬をのみ下す．それで事足りた．けれども，そういう昔の投薬方法では治療がまったく望めないこともありうる，いや，危険でさえありうることに，医者たちは気づき出している．患者の中には薬を飲むのをすっかり忘れる人もいるし，注射してもらいに何度も通院するのを嫌ったり経費を惜しむ人もいる．

you を日本文には出さないとか，some を「〜する人もいる」のように訳すとか，多少の工夫はあるにしても，よい翻訳はやはり原文の徹底的な理解に基礎を置くものだと思う．

次にモームの『月と六ペンス』(*The Moon and Sixpence*)の一節を材料に，出版されている三種の翻訳を比べてみよう．

> I did not see Strickland for several weeks. I was disgusted with him, and if I had had an opportunity should have been glad to tell him so, but I saw no object in seeking him out for the purpose. I am a little shy of any assumption of moral indignation; there is always in it an element of self-satisfaction which makes it awkward to anyone who has a sense of humour. It requires a very lively passion to steel me to my own ridicule. There was a sardonic sincerity in Strickland which made me sensitive to anything that might suggest a pose.

訳例 A

　わたしは，何週間か，ストリックランドと会わなかった．彼にはムカムカしていたのだから，機会があったら，よろこんで彼にその気持ちをぶちまけたことだったろう．だが，そのために彼をさがすなんて，およそバカげたことだった．その上，義憤に燃えるといった態度を示すのは，いささか気のひけることだった．そこには，いつも，自己満足の要素がひそみ，ユーモア感をもっている者には，そのために，それがどうも気まずいものになってくるからだ．自分の心中の嘲笑にたいして武装するには，そうとう激しい怒りが必要になってくる．ストリックランドには冷笑的な誠実さといったものがあり，それが，ポーズを思わせるどんなものにたいしても，わたしを神経質にしていた．

訳例 B

　私は，数週間ストリクランドを見なかった．私は彼には，うんざりしてしまっていたので，機会があれば，すぐにそういってやりたかったが，そうするために彼を探す気にもなれなかった．私は，正義の怒りの立場を取るのには，少々気まりが悪かったのだ．正義の怒りには，つねに自己満足の要素があって，そのために，ユーモアを解す人には，ばかばかしくなるところがあるのだ．私が，人に笑われても感じない人間にまで鍛えられるには，きわめて激しい熱情が必要である．ストリックランドには冷笑的な真剣さがあり，その影響をうけて，私は，見せかけと思われることにはどんなものにも，神経がいらだ

つのだった．

訳例C

　数週間，僕は，一度もストリックランドを見なかった．彼のやり方には，僕も愛想がつきた．もし会うような機会でもあれば，はっきりそう言ってやろうとは思ったが，といって，わざわざそのために，彼を探して会う気は，むろんなかった．僕という人間は，強いて道徳的義憤を装うことに，妙に気がひける．そもそも道徳的義憤というやつが，決って一種の自己満足感を伴うものであり，かりにもユーモアを解するほどの人間は，それだけでもうテレ臭くなる．自分の馬鹿さ加減にも気がつかなくなるほど，鈍感，無感覚になるには，よほどの激情でも起らなければだめである．それに，ストリックランドの一挙一動には，いやしくも虚勢(ポーズ)を思わせるような言動に対して，とりわけ人を敏感にさせなくてはおかぬ，妙に冷嘲的な真摯(しんし)さがあった．

　この三例をまず原文を離れて読み比べてほしい．上手下手を言う前に，読んで意味が分かるかどうか，その点を確かめてほしい．何回読み返しても，はっきり焦点を結ばないような訳は，それだけで落第だと思う．前半はA，B，C，いずれも分かる日本語になっている．問題は後半で，Aの「そこには」が何を指すのか判然としない．Aの「ユーモア感をもっている者」がわたしのことであるのは分かるけれど日本語として堅苦しい．「そのために，それが」という代名詞がどこにかかるのか，はっきりしない．もっとも困るのは，

「自分の心中の嘲笑にたいして武装する」である．同じところをBは「私が，人に笑われても感じない人間にまで鍛えられる」としていて，Aよりは理解できる日本文ではある．しかし，Bの「人に笑われる」というのは，「ユーモアを解す人には，ばかばかしくなる」，つまり，自分で自分を笑うことと論理的に矛盾するのでおかしい．その点，Aの「自分の心中の嘲笑」は判然としないけれど，自嘲のことを言っているのかもしれない．最後のところ，AもBも「ポーズ」や「見せかけ」に神経質というのが，ストリックランドの口から「きみはポーズを取っている，見せかけはやめろ」と批判されるのを恐れていることだと正確に解しているのかどうか疑わしい．この一節全体の構造として，前半で「気がひける」，「気まりが悪い」という気持が述べられていて，後半はその理由になっているのだが，AとBの訳者はそれにはっきり気づいていないようだ．AもBも原文の理解が充分でないのは，この訳文で明白だ．

　翻訳の心得として，Aのようにやたらに「それ」を連発すると日本語としてかえってあいまいになる，という教訓を学ぶことができる．Bからは文脈のおかしな訳文は書いてはならぬことが学べる．

　Cの訳者は原文を正確に理解し，理解したところを過不足のない，しかも流暢な日本文に移している．完璧な出来栄えである．蛇足ながらIt requires ... の一文の直訳として「自分のテレ臭い気持を完全に押し殺すには，（ストリックランドに対して）よほど激しい怒りに燃えることが必須である」がありうるのを記しておく．またsardonic sincerityのとこ

第4章　英文解釈から翻訳へ

ろは「冷笑的ではあっても誠実な男だったから」のように訳すことも可能である．

　Cのようなすぐれた訳文は，翻訳の理想として考えたらよい．よほどの英語力，日本語表現力に加えて，年季を入れなくては無理だ．だから，よい翻訳者になるには，読解力を高めると共に，日本の小説，エッセイ，評論をたくさん読むといい．また，別宮氏その他の誤訳指摘から自分はそういう誤りを犯さぬように気をつける術を学習し，一方，このような立派な訳をお手本として学べるものは学んでみるとよい．

　この章の最後にC，つまり日本の誇る名訳者である中野好夫のモームの『雨』(*Rain*)の訳の冒頭のところを原文と比べてみよう．このすばらしい訳によってモームは日本の読者にはじめて紹介され，この訳がすばらしかったので広く愛読されることになったのである．

> It was nearly bed-time and when they awoke next morning land would be in sight. Dr. Macphail lit his pipe and, leaning over the rail, searched the heavens for the Southern Cross. After two years at the front and a wound that had taken longer to heal than it should, he was glad to settle down quietly at Apia for twelve months at least, and he felt already better for the journey.
>
> まもなく消燈時間だった．明朝，目をさますと，もう陸地が見えているだろうという．マクフェイル博士はパイプに火をつけると，欄干にもたれて，空を仰いで南十

字星を探した．戦線の二年間，それから意外に暇どった戦傷の快癒(かいゆ)，やっと今それでも一年は静かにエイピアでおちつけると思うとうれしかった．そして旅に出たというだけでもう何かからだの調子がよくなったような気持ちがした．

第5章
長文を味わう

1. The Year of the Greylag Goose (extract)

by Konrad Lorenz
translated by Robert Martin

Greylag goose pairs generally remain faithfully united until death. However, one of the "dramatic circumstances" that can intervene is the case of a gander or a goose abruptly and passionately "falling in love" with a different partner, despite a preexisting "engagement" or even a complete pairing. Such infidelity usually occurs only when something has been amiss in the original pair formation, for example when a gander has lost his first great love and has acquired his present partner as a substitute. In our many years of observing geese, there have been only three occasions on which we have witnessed the splitting up of a pair that had bred and successfully reared young. Remarkably, in two of these instances the seducer was the same gander, Ado.

Two geese hand-reared by different foster parents and bearing their surnames, according to our custom, the gander Janos Fröhlich and the

1. ハイイロガンの春夏秋冬(抜粋)
コンラート・ローレンツ著, ロバート・マーチン英訳

動物行動学の創始者ローレンツ博士(1903-89)は『ソロモンの指環』『人イヌにあう』などの邦訳で日本にもファンが多い。オーストリアのアルマ湖畔でハイイロガンを観察し、その人間くさい生態を描写した文章を読み、自然科学者らしい観察眼、動物への愛情、ユーモラスな筆致を味わおう。

---

1 Greylag goose pairs 「ハイイロガンのつがい」。goose はガン亜科の鳥類の総称で、雄も雌も含まれる。ただし gander「ガンの成鳥の雄」と対比される時は「雌」を指す。

3 dramatic =exciting and unusual. *cf.* his dramatic escape from the prison camp.
  that can intervene 「雄と雌との間に生じうる(状況)」→「つがいの仲を割くことになりうる」

5 "falling in love" " " がついているのは、鳥を人間なみに扱ったから。下の "engagement" も同じ理由。

6 preexisting 「以前に存在していた」

7 complete pairing 「完全な夫婦としての結合」

8 something has been amiss 「何かしら不都合なところがあった」。amiss=wrong or imperfect. *cf.* Is there something amiss?

9 the original pair formation 「もともとのつがい成立事情」
  when a gander … 1行上の when と同格であるが、内容はより具体的になっている(第3章9節参照)。

10 his first great love 「雄の熱烈な初恋の相手の雌」

12 geese ここは「雄と雌の両方のガンたち」。

14 the splitting up 「別離」。split の動名詞形であるが、ほぼ完全に名詞化しているので冠詞がついている。
  had bred and … young 「子供を産み、きちんと育てた」。young は集合的に用いた「動物の子供たち」。

18 hand-reared 「人間の手で育てられた」。過去分詞。

female goose Susanne-Elisabeth Breit, had paired off and subsequently bred successfully in the spring of 1973. This pair was transferred with one offspring to Grünau, but in the autumn of 1973 all three flew off, and the parents returned alone in the spring of 1974. In the confusion of the move to Austria, the older and more powerfully built gander Ado had lost his "wife" — or, rather, his "bride," since they had not yet bred together. Janos was much weaker than Ado and was unable to prevent the unfaithful Susanne-Elisabeth from defecting in her passion for Ado. In 1976 Ado and Susanne-Elisabeth were breeding on Lake Alm when fate again took a hand, in the shape of a fox. One fine morning we found the lower part of Susanne-Elisabeth's body on the empty nest, with a deeply saddened Ado standing dumbstruck nearby.

Geese possess a veritably human capacity for grief — and I will not accept that it is inadmissible anthropomorphism to say so. Agreed, one cannot look into the soul of a goose, and the animal can hardly give us a verbal report of its feelings. But the same is true of the human child, and nevertheless John Bowlby, in his famous work on infant grief, has shown in a convincing and perturbing fashion how intense-

1. ハイイロガンの春夏秋冬

1 had paired off 「つがいになっていた」。ここで過去完了形が用いられているのは，p. 144 の Ado の誘惑より以前のことだから(第3章6節参照)。

2 〔had〕bred

4 Grünau 博士が鳥と助手と共に移り住んだオーストリア北部アルマ湖畔の町。

5 flew off 「(Grünau から離れどこかに)飛び去っていった」
the parents *i.e.* 雄の Janos と雌の Susanne-Elisabeth.

6 alone 「夫婦だけで」

7 the older and more powerfully built 比較の対象は Janos.

8 Ado had lost his "wife" この過去完了は Janos と Susanne-Elisabeth とが 1974 年春に戻って来た時より以前だから。
or, rather, his "bride" 「より正確に言うと花嫁とすべき」

12 defecting in her passion for Ado 「Ado への愛情の故に夫を裏切る」

14 fate again took a hand 「運命の女神が再び関与した」

15 in the shape of 「という形を取って」

18 dumbstruck 「唖然とした状態で」

19 veritably human 「まぎれもなく人間と同じ」

20 accept 「容認する」

21 anthropomorphism 「擬人説」。事物，自然現象などに人間性を認める態度。
Agreed ＝It is agreed that. 「次の点については同意見だ」。24 行目の feelings に続き，次の But 以下に作者の強い主張が述べられる。It is true 〜, but ... の用法と同じ(第3章11節参照)。

24 the same is true of the human child 「同じことが人間の子供についても言いうる(ではないか)」

26 in a convincing and perturbing fashion 「説得的で，心をかき乱すような仕方で」。言葉で訴えられない子供がそれほども悲しむことがあるのかと，教えられた大人は納得し，心をかき乱される(第1章4節，第3章8節参照)。

ly small children can grieve. In all likelihood, their grief is deeper and more powerful than that of adults, because they are not yet able to find comfort in rational considerations. A dog whose master has gone away on a trip grieves as if the master were gone forever ; the master cannot explain to the dog that he will return in a week. Dogs that have been left for long periods of time suffer such emotional harm that they are unable to respond with complete happiness when the master returns. Often, many weeks elapse before such a dog regains its former liveliness, and it may never do so. In terms of emotions, animals are much more akin to us than is generally assumed. It is in the capacity for rational thought that the enormous gulf between humans and animals exists. In my lectures and in my conversations with laymen, I frequently say, "Animals are much less intelligent than you are inclined to think, but in their feelings and emotions they are far less different from us than you assume."

That opinion is supported by what we know about the structure and function of the various parts of the brain. In human beings, as in animals, the capacity for rational intelligence is located in the forebrain (telencephalon), and

1. ハイイロガンの春夏秋冬

1 **In all likelihood** ＝probably.「十中八九」．このあたりから感情面での人間と動物の比較論が展開されており，Ado が伴侶を失った時の悲しみについては，p. 152 の 15 行目から語られている．

3 **find comfort in rational considerations**「理性的にあれこれ考えて慰めを見出す」

6 **were gone forever**「永久に行ってしまった」

9 **suffer such emotional harm that**「とても情緒面で傷ついてしまうので…」

10 **respond with complete happiness**「完全な幸福感をあらわにして反応する」が直訳．

12 **former liveliness**「以前の活発さ」

13 **never do so** ＝never regain its former liveliness.
In terms of emotions「情緒の面では」．*cf.* She thinks about the matter in terms of money.(その問題をお金の観点から考える)

14 **animals are much more akin to us** このあたりの動物観はローレンツ博士の基本的な考えの一つである．

15 **than is generally assumed**「世間一般で考えられている以上に」
It is ... It ... that の強調文．
the capacity for rational thought「合理的思考の能力」

18 **laymen**「素人たち」．layman＝a person who is not trained in a particular subject.(*LDCE*)

24 **the structure and function of the various parts of the brain**「脳のさまざまな部分の構造と働き」

27 **forebrain**「前脳」
telencephalon「終脳，端脳」．前脳(forebrain)の前半部で endbrain ともいう．ここでは「厳密にいうと終脳である」というので( )に入れてある．

149

the emotional center is located in the more basal areas of the brain. These basal areas in man are not essentially different from those in the brains of the higher animals ; however, there is a correspondingly enormous difference in the degree of development of the cerebral hemispheres in the forebrain.

The objective, physiological symptoms of deep emotion, especially grief, are virtually the same in humans as in animals, particularly geese and dogs. In the vegetative nervous system, the tonus of the sympathetic system declines, while that of the parasympathetic system (especially the vagus nerve) increases. As a consequence, the general excitability of the central nervous system is reduced, the musculature shows a decline in resilience, and the eyes sink deep into their orbits. Quite literally, a man, a dog, and a goose hang their heads, lose their appetites, and become indifferent to all stimuli emanating from the environment. For grief-stricken human beings, as well as for geese, one effect is that they become outstandingly vulnerable to accidents. Just as the former tend to become easy victims of car accidents, so the latter tend to fly into high-tension cables or fall prey to predators, because of their reduced alertness.

1. ハイイロガンの春夏秋冬

- 1 **basal** 「基部の」
- 4 **correspondingly** 「人間であるか,動物であるかに応じて」
- 6 **cerebral hemispheres** 「大脳半球」.このあたり医学用語が多い.興味のない人は飛ばしてもよい.
- 8 **objective, physiological symptoms** 「客観的な生理学上の徴候」
- 9 **virtually** =almost, very nearly. *cf.* My work is virtually finished.(仕事は済んだも同然だ)
- 11 **vegetative nervous system** 「自律神経系」
- 12 **tonus of the sympathetic system** 「交感神経系の張力」. tonus は生理学の用語で,筋肉の緊張度,張力のことでトーヌスともいう.
- 13 **parasympathetic system** 「副交感神経系」
- 14 **vagus nerve** 「迷走神経」
- 15 **general excitability** 「全般的な興奮性,被刺激性」.刺激などに対する敏感さのこと.
- 16 **musculature** 「筋肉組織」
- 17 **decline in resilience** 「回復力の低下」
  the eyes sink deep into their orbits 「目は眼窩の奥深くまでひっこむ」. orbit は eye socket ともいう.
- 18 **literally** 「文字通り」.下の hang their heads(頭をたれる)について,比喩でなく実際にそうなるということ. *cf.* She was literally blazing with anger.(文字通り怒り狂っていた)
- 20 **indifferent to all stimuli** 「あらゆる刺激に対して無関心」. stimuli は stimulus の複数形.
  emanating from the environment 「周囲から生じてくる」
- 21 **For** 接続詞の「というのは」でなく,前置詞の「にとって」.
  grief-stricken =stricken with grief.「悲嘆にくれた」
- 24 **the former** *i.e.* humans.
- 25 **the latter** *i.e.* geese.
- 26 **high-tension cables** 「高圧電線」
  fall prey to predators 「食肉動物の餌食になる」

Grief also has a dramatic effect on goose social behavior. Grief-stricken geese are utterly unable to defend themselves from attacks launched by other geese. If a grieving goose has occupied an elevated position in the rigid hierarchy of the goose colony, its sudden defenselessness will be recognized and exploited with astounding speed by its former subordinates. It will be jostled and pushed from all sides, by even the weakest and least courageous members of the flock. In other words, it will sink to the lowest level in the pecking order, becoming, in the words of animal sociologists, the "omega animal."

As I said earlier, bereaved geese usually attempt to return to the family fold. It is incredibly touching when an old gander that was hand-reared many years ago but has shown no personal bond to its foster parent during a long and happy "marriage" abruptly returns to its human friend grief-stricken by the loss of its consort. Ado had been reared not by human foster parents but by his own mother, and she had died a long time ago. Also, he was not particularly tame. For example, he was not tame enough to take food out of our hands. That made it all the more touching when, after the

1. ハイイロガンの春夏秋冬

1 **Grief also has**　also は「また」でよいけれど,「悲しみも」か「悲しみはまた」か厳密に考えること. 後者である.
goose social behavior　「ガンの社会行動」
3 **launched by**　「～によって開始される」. *cf*. The enemy launched an attack on us.
4 **has occupied an elevated position**　この現在完了形の使い方は,事件の時まで「～していた」という継続をあらわす(第3章6節参照). elevated position は「高い地位」.
7 **recognized**　「さとられる」. 下の by its former subordinates はここにもかかるので注意.
exploited with astounding speed　「驚嘆すべき速さで食い物にされる」
9 **jostled and pushed**　「突っつかれ,押され」. *cf*. The players were jostled by an angry crowd as they left the field.(選手たちは退場する時怒った群衆に突っつかれた)
12 **pecking order**　「つつきの順位」
13 **"omega animal"**　「どんじりの動物」. omega はギリシャ語のアルファベットの最終字.
15 **bereaved**　＝whose close relative has just died. 「近親に死なれたばかりの」. *cf*. bereaved family(遺族).
16 **family fold**　「家族の群れ」. *cf*. return to the fold.(家に帰る, 元の教会に復帰する)
It is …　この It は when 以下の状況を指す.
17 **touching**　「胸を打つ」
18 **has shown**　「(事件の起る時までは)示し(ていなかっ)た」(第3章6節参照).
20 **abruptly returns**　主語は 17 行目の old gander.
21 **grief-stricken**　「打ちひしがれた状態で」. returns を修飾.
22 **Ado had been …**　前の数行は現在形の一般論で,ここから Ado の話になる(第3章9節参照).
26 **That made it all the more touching**　「その事は次の状況をそれだけ一層感動的にした」. it は when 以下の状況を指す.

153

death of Susanne-Elisabeth in the summer of 1976, he obstinately tried to attach himself to me, although he was less familiar with me than with Sybille Kalas or Brigitte Kirchmayer. It was some time before I noticed that whenever I moved away from the flock of greylag geese that were bullying poor Ado, following his fall in rank, he would shyly creep after me, his body hunched in sadness, and he would remain motionless about twenty-five or thirty feet away.

Ado spent the remainder of 1976 sad and isolated. Then, in the spring of 1977, he abruptly pulled himself together and began an intensive courtship of a goose called Selma. She was firmly paired off and had already reared three youngsters with her "husband," Gurnemanz, the previous year. Yet Ado's adoration was reciprocated by this unfaithful female, and there followed a highly unusual drama of jealousy.

Any "rightful" husband or bridegroom whose goose shows an interest in another gander has at his disposal several specific behavior patterns he can employ to prevent her from taking off with his rival. He can stick close to the female wherever she goes and bar her passage if she tries to move toward the other gander. If he is extremely provoked, he will even bite her —

1. ハイイロガンの春夏秋冬

2 **attach himself to me**　「私にまつわりつく」
4 **Sybille ...**　二人とも博士の助手．
　It was some time before ...　「しばらくすると…だった」
7 **following his fall in rank**　「地位の没落に引き続いて」．following は大体 after と同じ意味の前置詞と取ってよい．
8 **he would**　過去の習慣の would.
　his body hunched in sadness　body の次に being が省略されていると考えると，分詞構文で状況を表していると理解される．「体は悲しみのあまり丸められた状態で」が直訳．
10 **away** 〔from where I was〕
11 **sad and isolated**　「悲しみと孤独の中で」．補語に準じた役目．*cf.* She married young. He returned penniless. The wind blew cold.
13 **pulled himself together**　「元気を回復した」
14 **courtship**　「求婚，求愛」
　was firmly paired off　「ちゃんとした夫がいた」
17 **was reciprocated**　「報いられた」．*cf.* Her dislike of him is entirely reciprocated. ＝ He dislikes her, too.
20 **Any "rightful" husband ...**　ここから一般的な鳥の生態の記述が始まるので現在形(第3章9節参照)．Ado の話に戻るのは p. 164.
21 **has at his disposal**　「〜が自由になる」．*cf.* She has a lot of money at her disposal. (彼女は大金を自由にできる)
22 **specific behavior patterns**　「独特の行動様式」．specific は「ある目的のためにのみ用いられる(特殊な)」．
23 **taking off**　「走り去る」．*cf.* The Indian took off into the woods.
24 **stick close to**　「ぴったりくっつく」
25 **bar her passage**　「通行を妨げる」
26 **is extremely provoked**　「ひどく腹を立てる」．*cf.* His rude answer provoked his mother. (失礼な答に母は立腹した)

something he would never do under normal circumstances.

I can demonstrate such behavior right now with a male bean goose (*Anser fabalis* Linnaeus) that is jealous of me. Although his female companion, Camilla, is almost three years old, she displays a pronounced childish attachment to me. As soon as she sees me, she runs toward me and attempts to greet me. Despite this childish tendency, she became firmly betrothed to the male bean goose, Calvin, a year ago, and he is not pleased to see his "bride" give a friendly greeting to anyone else, even a human being. As a demonstration for visitors, I only need to call Camilla to me and elicit a greeting from her to provoke her suitor, Calvin, to display the entire range of jealous behavior described in the preceding paragraph.

A gander forced to guard his female in that manner is in a difficult and demanding position. He cannot leave his consort to attack his rival because the unfaithful female will break away the moment he leaves her side. He cannot feed properly, and if the drama lasts many weeks he eventually loses weight visibly. From dawn until late twilight one can see these goose "trios" moving across the landscape in a hurried proces-

1. ハイイロガンの春夏秋冬

1 **under normal circumstances** 「普通の状況の下では」. would が使われているのだから仮定法(第 3 章 5 節参照).
3 **I can demonstrate such behavior right now** 14 行目にあるように博士の研究所には訪問者が多く, こういう人たちの目の前で「実演」できる, というのである. right now 「ちょうど今は」というのは Calvin と Camilla が現在研究所にすんでいるから.
4 **with a male bean goose** 「雄のヒシクイを使って」
Anser fabalis Linnaeus 「リンネ式動植物分類法によればアンセル・ファバリス」. 18 世紀のスウェーデンの植物学者リンネによる分類に従うとアンセル(goose)・ファバリス(bean)というラテン名になる, ということ.
7 **pronounced childish attachment** 「目立った, 子供っぽい愛情」
10 **became firmly betrothed to** 「としっかり婚約した」
14 **As a demonstration for visitors** 「見学者用のデモンストレーション(実地説明)として」
I only need to call … 文全体の構造は, 「display するには, …しさえすればよい」となっている. *cf*. You have only to ask him, to know the truth.
15 **elicit a greeting … Calvin** 「C. を怒らせるように彼女が私に挨拶するように仕向け(さえすればよい)」
17 **entire range of jealous behavior** 「いろいろな種類の嫉妬行動」
20 **demanding position** 「やっかいな立場」
21 **He cannot …** 上の position の具体的な説明が始まる(第 3 章 9 節参照).
22 **break away** 「離れて行ってしまう」
23 **the moment …** ＝as soon as … *cf*. The moment the thief saw the policeman, he ran away.
feed ＝eat.
26 **"trios"** 雄二羽と雌一羽の「三羽組」.

157

sion. The rival favored by the female goose's attention is in front, followed by the goose herself, with the gander jealously maintaining his guard between them.

Fights between rival ganders become particularly intense when the goose herself is undecided about the object of her affection. The fiercest fights I can remember took place between two ganders, Blasius and Markus, in their competition for a goose called Alma. The two males were of equal strength, and Alma was obviously not sure which one she wanted for her mate.

I observed one aerial battle between the two ganders that could easily have taken a fatal course. Geese are well equipped for aerial combat: one will climb above the other in the sky, dive downward like a raptor, and swoop narrowly past to strike its opponent with a wing shoulder (the anatomical equivalent of our wrist). In this particular fight between the two brothers high in the air, Markus managed to strike Blasius with his wing shoulder at the root of the neck, directly in front of the wing. That is just where the nerve plexus that supplies the wing is located. Blasius dropped like a stone from a height of about sixty feet, his wing completely paralyzed. Luckily for him, he fell into the

1. ハイイロガンの春夏秋冬

1 **The rival favored ... attention** 「雌の関心によって恩恵を与えられている競争相手」. *cf.* pay one's attentions to 〜（〜に言い寄る）

2 **followed by 〜** 具体的に述べれば，「次に〜が続く」ということ. *cf.* Tom came first, and he was followed by Mary.（まずトムが，次にメアリが来た）

3 **jealously maintaining his guard** 「油断なく目をひからせている」. guard は「監視」

9 **Blasius and Markus** 20行目にあるように兄弟のようだ.
 in their competition for a goose 「雌を奪い合うことで」

12 **which one she wanted for her mate** 「自分の配偶者としてどちらの雄を望むか」

13 **the two ganders** *i.e.* Blasius and Markus.

14 **could easily have taken a fatal course** 「命にかかわる結果に発展することも充分ありえた」. easily = without doubt.

17 **raptor** 「猛禽類」
 swoop narrowly past 「舞い下りて相手とぶつからんばかり近くまで接近して襲いかかる」. narrowly「危うく」. *cf.* I narrowly escaped death.（かろうじて死を逃れた）

18 **wing shoulder** 「翼の肩部」

19 **anatomical equivalent of our wrist** 「構造上人間の手首に相当するもの」

20 **this particular fight** こういう particular は「他ならぬこの」と「この」を少し強めるだけであり，「特別の」と訳出しないように注意.

22 **at the root of the neck** 「首根っこのあたり」

24 **nerve plexus** 「神経叢」
 supplies the wing 「翼に（神経を）送っている」

26 **his wing completely paralyzed** drop する時の状況を説明している.「翼は完全に麻痺してしまって」. 文法上は wing の次に being を補って，ここは分詞構文と考えてよい.

159

water. Had he fallen on rocks or on a hard gravel bed, he would undoubtedly have been killed. As it was, he suffered only a temporary paralysis ; his wing hung limply for several days before recovering completely. Nonetheless, the incident demonstrates that fighting between rival ganders can easily have fatal results. I hardly need add that following his victory Markus walked off with the bride.

On level ground the fighting takes a different form. A greylag goose possesses two weapons : its beak, which can inflict a painful bite, and its wing shoulder, which is embellished with a small, thornlike, thickly horn-covered bony projection, called the carpal spur. Fighting ganders grasp each other with their beaks, usually somewhere on the neck, and pull themselves close together, so that they are at just the right distance to administer blows with the wing shoulders. One wing is spread out wide behind as a counterbalance, and the other is bent at the wrist joint to position the horny weapon for flailing the opponent. One can hear the smacking, slapping blows a long way off, and other ganders rush up excitedly to watch.

Low-ranking geese are particularly eager to be spectators ; geese high in the hierarchy, on

1. ハイイロガンの春夏秋冬

1　Had he fallen　＝If he had fallen.
2　gravel bed　「砂礫層」
3　As it was　「実際には」．よく仮定文と共に用いる．
7　have fatal results　「命をなくすような結果になる」
8　following his victory　「勝利を収めた後に」
9　walked off　「すたすたと立ち去った」
　　the bride　*i.e.* Alma.
10　On level ground　上の aerial combat（空中戦）と違って「地上では」．
13　is embellished with　「～で飾られている」．この場合は飾りといっても，戦力を増すためである．
14　horn-covered bony projection　「角質で覆われた骨のように堅い突起物」
15　carpal spur　「手根骨」．spur は「けづめ，とげ」．
16　grasp each other ... on the neck　「相互に首のあたりをつかまえる」．*cf*. strike someone on the head.（頭をたたく）
17　pull themselves close together　「相互に体を接近させる」
19　administer blows　「強打を浴びせる」．give blows よりもったいぶった感じ．
20　is spread out wide behind　「背後で幅広く広げられる」
21　at the wrist joint　「手首の関節のところで」
22　to position the horny weapon ... opponent　「敵を攻撃するのに適切な位置に角質の堅い武器を置くために」が直訳．flail はやや幅広のもので「打つ，たたく」こと．
23　smacking, slapping blows　「ぴしっ，びしゃりとたたく音」
24　a long way off　「遠く離れた所で」
25　rush up excitedly to watch　「眺めるために興奮して走ってくる」．excitedly については第 1 章 4 節参照．
27　on the other hand　「見物だけとは違って」の意．

161

the other hand, may sometimes join in the fight, but only if they are especially self-confident and courageous. They are most likely to join in when there has been the kind of jealous pursuit just described, since they are apparently agitated by the disruption this introduces into the flock.

The more usual fights, concerned with position in the social hierarchy, rarely escalate to the level of wing shoulder duels ; even when they do, they last only a few minutes. By contrast, a wingshoulder fight between two ganders courting the same female can last more than a quarter of an hour and leave both opponents exhausted. Often, after an indecisive battle of this kind, the fight will resume the next day.

The most bitter fighting of all occurs in two quite specific social situations. The first of these situations involves two ganders who have previously been bound together by homosexual triumph calling. Their "love" suddenly turns to "hate," heralding an outbreak of fighting, and such hate can persist for years. Every time we have observed a persistent personal hatred between two ganders, a careful examination of our records has shown that they previously shared a homosexual bond.

The second situation leading to extremely

1. ハイイロガンの春夏秋冬

2 but only if they are … courageous 「ただし彼らが…の場合に限るわけだ」

3 are most likely to join in 「介入する可能性がもっとも高い」

4 jealous pursuit 「やきもちからの追跡」

5 apparently 「見たところ〜らしい」．一番目に「明らかに」という訳語を与えてある英和辞書が今でもあるので注意すること．

6 the disruption this … flock　this の前に目的格の関係代名詞を補って考えよ．this は三角関係の争いまたはその結果を指す．「こういう争いの結果群れに生じる上下関係の混乱」

9 duels 「決闘」
even when they do　they は usual fights を，do は escalate を指す．

14 indecisive battle 「勝負のはっきりしない戦い」

15 resume 「再開する」．他動詞の用法が普通だが，この場合のように自動詞の用法もある．

17 specific social situations 「特定の交際関係」．次に述べられているように，男対男の結びつきと，男女の三角関係との二つの場合に限られるようだ．この social は「個体と個体との結びつきに関する」という意味．

18 involves two ganders 「二羽の雄に関係する」．二羽の雄がこういう状況にはまりこむことがある，というような日本文のほうがよく意味を伝える．

19 homosexual triumph calling 「同性愛的な勝利の雄叫び」．いつも一緒に意気揚々として胸を張って叫び声を発していたのである．

20 Their "love" suddenly turns to "hate"　日本の諺で「可愛いさ余って憎さが百倍」というように，人間でも突然こういう変化は起こりうる．

23 persistent personal hatred 「特定の個人に対するしつこい憎しみ」

bitter fighting has already been mentioned; it is when a goose is being courted by two ganders but is unable to decide firmly between them. In Selma's case, her inclinations alternated a number of times between her "rightful husband," Gurnemanz, and her new suitor, Ado. That led to the dramatic fighting Sybille Kalas has recorded in her photographs.

The fights lasted for several days, until finally Gurnemanz gave up and fled, as his opponent tried to hold him firmly by the neck feathers. The victorious Ado then stood inflated with pride in a veritably eaglelike pose, his wings held so that the horny projections on the wing shoulders stood out as if he were brandishing brass knuckles.

After he had fled to a safe distance, Gurnemanz, the loser, sank to the ground completely exhausted. He was then attacked by the geese that had previously ranked below him in the social hierarchy. The poor gander, having lost his consort in the fights, failed to defend himself against even the weakest opponents. Just like Ado two years previously, he had lost his social standing along with his wife.

1. ハイイロガンの春夏秋冬

2 **is being courted**　「求愛されつつある」
3 **decide firmly between them**　「二羽のどちらにするかきっぱり決める」. *cf.* Heaven decides between me and my foes. (天が私と敵のどちらかに決めてくれる)
In Selma's case　ここから Selma をめぐる Ado と Gurnemanz の争いについて語られる.
4 **her inclinations**　「好み」. 複数形で用いることが多い. *cf.* You always follow your inclinations instead of thinking of our feelings.(君は, 我々の感情を考えずに, いつも自分の好みに従ってばかりいるね)
6 **suitor**　「求婚者」
7 **Sybille Kalas ... photographs**　原書には博士の助手たちが写真に撮った鳥たちの生態がのせてある.
10 **as his opponent tried ... feathers**　「敵が彼の首の羽根のところをしっかりとおさえこもうとした時」. hold him by the neck feathers は strike him on the head(彼の頭をたたく)という有名な表現を参照せよ. his opponent はもちろん Ado を指す.
12 **inflated with pride ... pose**　「まるで鷲のような姿勢を取り, 得意そうに体をふくらませて」. veritably については, His wife is a veritable slave.(奥さんはまるで奴隷である)という文を参照.
13 **his wings held so that ...**　「…であるように翼をかまえて」. held の前に being 省略.
15 **stood out**　「突き出た」. *cf.* Her ears stood out from her head like jug-handles.(彼女の耳はジョッキの取っ手のように頭から突き出ていた)
16 **brass knuckles**　けんかの時に手にはめる「金属性のこぶし当て」
23 **Just like Ado**　といっても Ado の場合は妻を狐に襲われたのであった(p. 146 参照).
25 **standing**　「身分, 地位」

165

2. At the River-Gates

by Philippa Pearce

Lots of sisters I had (said the old man), good girls, too ; and one elder brother. Just the one. We were at either end of the family : the eldest, my brother John — we always called him Beany, for some reason ; then the girls, four of them ; then me. I was Tiddler, and the reason for that was plain.

Our father was a flour miller, and we lived just beside the mill. It was a water-mill, built right over the river, with the mill-wheel underneath. To understand what happened that wild night, all those years ago, you have to understand a bit about the working of the mill-stream. About a hundred yards before the river reached the mill, it divided : the upper river flowed on to power the mill, as I've said ; the lower river, leaving the upper river through sluice-gates, flowed to one side of the mill and past it ; and then the upper and lower rivers joined up again well below the mill. The sluice-gates could be

2. 水門 で

フィリパ・ピアス著

『トムは真夜中の庭で』など，現実とファンタジーを巧みにからませた作品で著名な，現代イギリスの児童文学者フィリパ・ピアスの短篇『水門で』(『幽霊を見た 10 の話』所収)をまるごと読んでみよう．作者にとって思い出深い水車小屋を舞台にした小品のしみじみとした味わいを読みとりたい．

---

1 **Lots of sisters I had** =I had lots of sisters. 強調により語順が逆になったもの．
(said the old man) この話全体がこの老人の回想形式になっている．したがって，訳すとすれば老人の話しことばにするのがよい．
good girls, too 「それもやさしい人たちだ」
2 **Just the one** 「たったひとり」
3 **were at either end of the family** 「きょうだいの中の両端にいた」．つまり長男と末っ子．family は子供たちを指す．
5 **for some reason** 「理由ははっきりしないけど」の意．
8 **flour miller** 「製粉業者」．作者の父もそうだった．
10 **right over the river** 「川の真上に」
11 **wild night** 「大荒れの夜」
12 **you have to** 一般の人をあらわす you．
15 **it divided** 「川は二つに分かれた」
flowed on to power the mill 「どんどん流れていって水車を動かす」
17 **sluice-gates** 「水門」．river-gates と同じ．同一の単語を繰り返し用いるのは英米人には耳障りだと感じられるので，同じ事物に別の単語を用いることが多い．
18 **past it** 「水車のそばを通り過ぎて」
19 **joined up** 「結合した」
20 **well below the mill** 「水車のずっと下で」．*cf*. He is well past seventy-five.(75 歳はとうに過ぎている)

167

opened or shut by the miller to let more or less water through from the upper to the lower river. You can see the use of that: the miller controlled the flow of water to power his mill; he could also draw off any floodwaters that came down.

Being a miller's son, I can never remember not understanding that. I was a little tiddler, still at school, when my brother, Beany, began helping my father in the mill. He was as good as a man, my father said. He was strong, and he learnt the feel of the grain, and he was clever with the mill machinery, and he got on with the other men in the mill — there were only ten of them, counting two carters. He understood the gates, of course, and how to get just the right head of water for the mill. And he liked it all: he liked the work he did, and the life; he liked the mill, and the river, and the long river-bank. One day he'd be the miller after my father, everyone said.

I was too young to feel jealousy about that; but I would never have felt jealous of Beany, because Beany was the best brother you could have had. I loved and admired him more than anyone I knew or could imagine knowing. He was very good to me. He used to take me with

2. 水門で

1 miller 「製粉業者」
let more or less water through 「より多くの，または少ない水量を通す」，つまり「水量を加減する」．
3 You can see the use of that: 「水門の役目が分かったろうね」つまり「水門があるからこそ——」．
5 also draw off any floodwaters 「出水があった場合にこれを流してもらうこともできる」．draw off は「流出させる」．floodwater は「河川の氾濫による出水」．水門のこの調節の役目が物語の中心になる．
7 can never remember ... that 「それが分かっていなかったことを決して思い出せない」．つまり，どんな子供の時だって，それくらいのことはちゃんと理解していたと思う，ということ．
8 tiddler 「ちび」
10 as good as a man 「大人と同格」．as good as「であるも同然」．*cf.* If he gets hold of me, I am as good as dead.(もし彼につかまったら私は死んだも同然だ)
12 the feel of the grain 「穀物の手触り」．具体的には手で触れただけで穀物を見分けること．*cf.* This is silk by the feel.(手触りで絹だと分かる)
clever with the mill machinery 「水車の機械部分に強い」
13 got on with 〜 「〜とうまく交際した」
15 counting two carters 「二人の荷馬車屋を含めて数えて」
16 gates river-gates のこと(第3章2節参照)．
17 head of water 「用水の水位」
liked it all: 〜 「そういうもの全部，つまり〜を好んだ」．it は結局，次の work と life の両方を指す．
18 the life 水車と暮らす生活を指す．
20 after my father 「父を継いで」
23 would never have ... Beany 仮に幼な過ぎるという事情がなかったにしても，という仮定が省略(第3章5節参照)．

him when you might have thought a little boy would have been in the way. He took me with him when he went fishing, and he taught me to fish. I learnt patience, then, from Beany. There were plenty of roach and dace in the river ; and sometimes we caught trout or pike ; and once we caught an eel, and I was first of all terrified and screaming with excitement at the way it whipped about on the bank, but Beany held it and killed it, and my mother made it into eelpie. He knew about the fish in the river, and the little creatures, too. He showed me freshwater shrimps, and leeches — 'Look, Tiddler, they make themselves into croquet-hoops when they want to go anywhere !' and he showed me the little underwater cottages of caddis-worms. He knew where to get good watercress for Sunday tea — you could eat watercress from our river, in those days.

We had an old boat on the river, and Beany would take it upstream to inspect the banks for my father. The banks had to be kept sound : if there was a breach, it would let the water escape and reduce the water-power for the mill. Beany took Jess, our dog, with him in the boat, and he often took me. Beany was the only person I've ever known who could point out a kingfisher's

2. 水門で

- 1 when you might have thought ... 「…と考えたとしても仕方がないような時に」(第3章5節参照).
- 2 in the way 「邪魔になる」
- 4 patience 「辛抱すること」. 魚釣りを通じて「忍耐」を学ぶというわけである.
- 5 roach コイ科の淡水魚.「ローチ」
  dace 「ウグイ」
- 6 pike 「カワカマス」
- 8 at the way it whipped about 「ウナギが動き回る様子を見て」. about は副詞.
- 11 eelpie 「ウナギ入りパイ」
- 12 little creatures 「小さな生物」. 実例は次に挙げられている.
  freshwater shrimps 「カワエビ」
- 13 leeches 「ヒル」
- 14 make themselves into croquet-hoops 「クローケーのゲートのように体をまるくする」. croquet はゲートボールのようなゲーム. hoop はそのゲートあるいは門で, ここに球をくぐらせる. 主語の they は shrimps と leeches であろう.
- 15 go anywhere 「どこかへ移動する」
- 16 caddis-worms 「イサゴ虫」
- 17 watercress 「オランダガラシ」. いわゆる「クレソン」のこと.
  for Sunday tea どうして日曜日のお茶にクレソンが要るかというと, この tea は日本の「お三時」と違って軽食であり, サンドウィッチ, サラダなども食べるから.
- 21 would 過去の習慣の would.
  for my father 「父の代りに」
- 22 be kept sound 「堅固に保たれる」
- 23 escape 「(光・気体・液体が)漏れる, 流出する」
- 24 reduce the water-power 「水圧を下げる」
- 27 kingfisher 「カワセミ」

nest in the river-bank. He knew about birds. He once showed me a flycatcher's nest in the brickwork below the sluice-gates, just above where the water dashed and roared at its highest. Once, when we were in the boat, he pointed ahead to an otter in the water. I held on to Jess's collar then.

It was Beany who taught me to swim. One summer it was hotter than anyone remembered, and Beany was going from the mill up to the gates to shut in more water. Jess was following him, and as he went he gave me a wink, so I followed too, although I didn't know why. As usual, he opened the gates with the great iron spanner, almost as long in the handle as he was tall. Then he went down to the pool in the lower river, as if to see the water-level there. But as he went he was unbuttoning his flour-whitened waistcoat ; by the time he reached the pool he was naked, and he dived straight in. He came up with his hair plastered over his eyes, and he called to me : 'Come on, Tiddler ! Just time for a swimming lesson !' Jess sat on the bank and watched us.

Jess was really my father's dog, but she attached herself to Beany. She loved Beany. Everyone loved Beany, and he was good to

2. 水門で

- 2 flycatcher 「ヒタキ」
- 3 brickwork 「れんが積み」
- 4 the water dashed and roared at its highest 「水量がもっとも多い時には激流となりうなり声をあげている(所)」
- 6 otter 「カワウソ」
  held on to Jess's collar 「ジェスの首輪をしっかりおさえた」。もちろん犬がカワウソを追いかけて行かないように。hold on to には「離さぬ」の他に「しがみつく」の意もある。似ているようで違う。
- 11 shut in more water ここはやや曖昧だが、コンテクストから判断すると、下の川に水を取りこむために、水門を開くのである(第3章2節参照)。
- 12 as he went he … he はいずれも Beany.
  gave me a wink ＝winked at me.
- 13 although I didn't know why コンテクストから、兄は泳ぎを弟に教えるためだったことが分かる(第3章2節参照)。
- 15 as long in the handle as he was tall 「ハンドルの長さが兄の背丈くらいあった」
- 16 went down to the pool このプールは「淵」。
- 17 as if to see the water-level 「水位を確かめるためのように」
- 18 flour-whitened 「小麦粉で白くなった」
- 20 dived straight in 「さっと飛びこんだ」
- 21 with his hair plastered over his eyes 「目にかぶるまでぴったり髪の毛が皮膚にはりついた状態で」
- 26 attached herself to Beany 「ぴったり兄にくっついていた」。
  cf. He attaches himself to that college.(あの大学の所属だ); He attaches himself to his wife.(妻を愛している)

everyone. Especially, as I've said, to me. Just sometimes he'd say, 'I'm off on my own now, Tiddler,' and then I knew better than to ask to go with him. He'd go sauntering up the river-bank by himself, except for Jess at his heels. I don't think he did anything very particular when he went off on his own. Just the river and the river-bank were happiness enough for him.

He was still not old enough to have got himself a girl, which might have changed things a bit; but he wasn't too young to go to the War. The War broke out in 1914, when I was still a boy, and Beany went.

It was sad without Beany; but it was worse than that. I was too young to understand then; but, looking back, I realize what was wrong. There was fear in the house. My parents became gloomy and somehow secret. So many young men were being killed at the Front. Other families in the village had had word of a son's death. The news came in a telegram. I overheard my parents talking of those deaths, those telegrams, although not in front of the girls or me. I saw my mother once, in the middle of the morning, kneeling by Beany's bed, praying.

So every time Beany came home on leave, alive, we were lucky.

2. 水門 で

1 **to me**　前に he was good を補う.
   Just sometimes　「ほんの時たま」. just＝only.
2 **I'm off on my own**　「ぼくひとりで出かける」. on one's own＝alone. *cf.* How do you like living on your own ? (ひとり暮らしの気分はいかが？)
3 **knew better than to ask**　直訳は「頼むことより，よりよく知っていた」. だが，一般に know better than は idiom であり, to be wise or well-trained enough 〔not to〕と説明できる.「〜するような馬鹿はしない」と訳すとよい場合がある. 今の場合も,「ぼくも兄に(連れてってと)頼むような馬鹿はしなかった」と訳してよい(第 3 章 7 節参照).
5 **by himself**　＝alone.
   except for Jess at his heels　「すぐ後からついてくる J. 以外は」
6 **anything very particular**　「何か特別のこと」. 弟が一緒では困るようなこと，たとえば異性との交友など.
9 **have got himself a girl**　「自分のために女の子を手に入れる」が直訳.
10 **changed things**　「事態を変化させた」
12 **War**　「第一次世界大戦」
14 **It was sad**　It は漠然と家庭内の雰囲気などを指す.
18 **secret**　「隠し立てするような」
   So many　「本当に数多くの」
19 **Front**　「前線」
20 **word of a son's death**　「息子の戦死の通報」. word＝a message or piece of news.
23 **although 〔they were〕 not 〔talking〕 in front of**　「の前ではそうしなかったけれど」
26 **on leave, alive,**　「無事で，休暇で」. alive の前後にコンマがあるのは強調のため. つまり他の家でのように戦死の知らせでなくて，ということ.

175

第 5 章　長文を味わう

　　But when Beany came, he was different. He loved us as much, but he was different. He didn't play with me as he used to do ; he would sometimes stare at me as though he didn't see me. When I shouted 'Beany !' and rushed at him, he would start as if he'd woken up. Then he'd smile, and be good to me, almost as he used to be. But, more often than he used to, he'd be off all by himself up the river-bank, with Jess at his heels. My mother, who longed to have him within her sight for every minute of his leave, used to watch him go, and sigh. Once I heard her say to my father that the river-bank did Beany good, as if he were sickening for some strange disease. Once one of the girls was asking Beany about the Front and the trenches, and he was telling her this and that, and we were all interested, and suddenly he stopped and said, 'No. It's hell.' And walked away alone, up the green, quiet river-bank. I suppose if one place was hell, then the other was heaven to him.

　　After Beany's leaves were over, the mill-house was gloomy again ; and my father had to work harder, without Beany's help in the mill. Nowadays he had to work the gates all by himself, a thing that Beany had been taking over from him. If the gates needed working at night, my

2. 水門 で

1 **different** 以前とは違うということ．
2 **as much** 〔as before〕
3 **would** 過去の習慣の would.
4 **as though he didn't see me** 「ぼくが目に入らないみたい」．see と look at の違いを思い出すこと．
6 **start** 「はっとする」(第 3 章 1 節参照)．
   he'd woken up 「目がさめた」
8 **he'd be off** 「行ってしまう」
9 **all by himself** 「まったくひとりで」
10 **have him within her sight** 「視線の中にとらえておく」が直訳．
12 **sigh** 「溜息をつく」．もう大人だし，兵隊なのだから，仕方がないというのであろう．
14 **as if he were ... strange disease** 「何か奇妙な病気にかかりかけているかのように」．sicken for「病になりかけている」 *cf*. I was sickening for the mumps.(私はおたふく風邪になりかけていた)
15 **girls** *i.e.* sisters.
17 **this and that** 「これやあれや，あれこれ」
19 **"No. It's hell."** 「いや．あれは地獄だ」．この No. で，妹のために面白く楽しかったような話をしていたのは「嘘だ」と断じたのである．It は戦地でのこと．
20 **one place ... the other** 〔place〕**was heaven** 「一方は地獄，他方は天国」．*cf*. We have two dogs, one is white, and the other is black.(うちの犬は，一匹は白でもう一匹は黒だ)．二者の前後は問わない．
25 **work the gates all by himself** 「水門をまったくひとりの力で動かす」
   a thing that ... 前の水門の操作(working the gates)と同格．
26 **taking over from him** 「(仕事を)父から引き継ぐ」

father and Beany had always gone there together. My mother hated it nowadays when my father had to go to the gates alone at night : she was afraid he'd slip and fall in the water, and, although he could swim, accidents could happen to a man alone in the dark. But, of course, my father wouldn't let her come with him, or any of my sisters, and I was still considered much too young. That irked me.

Well, one season had been very dry and the river level had dropped. The gates were kept shut to get up a head of water for the mill. Then clouds began to build up heavily on the horizon, and my father said he was sure it was going to rain ; but it didn't. All day storms rumbled in the distance. In the evening the rain began. It rained steadily : my father had already been once to the gates to open the flashes. He was back at home, drying off in front of the fire. The rain still drove against the windows. My mother said, 'It can't come down worse than this.' She and my sisters were still up with my father. Even I wasn't in bed, although I was supposed to have been. No one could have slept for the noise of the rain.

Suddenly the storm grew worse — much worse. It seemed to explode over our heads. We

2. 水門で

1. **had always gone there** 兄の出征する前には，ということ (第3章6節参照)．
2. **hated it nowadays when …** 「…の場合には，そういうことをとてもいやがった」
3. **alone at night:** 「夜それもひとりで」．コロン以下の文は前の文の理由となっている(第3章9節参照)．
4. **slip** 「足をすべらせる」
5. **although he could swim, accidents …** これも4行目の she was afraid の内容である．could happen の could は時の一致で過去形になっているわけだが，can の意味としては「ときにはありうる」という時折の可能性である．*cf.* Bee stings can be very painful.(ハチに刺されると，とても痛いこともある)
7. **wouldn't let her come with him** 「どうしても同行するのを許さなかった」．この let と make との違いを考えてみよ．make なら母が同行したくないのに「無理強いする」ことになってしまう．
9. **irked me** ＝annoyed, troubled me.「いらいらさせた」
12. **get up a head of water for the mill** 「水位を水車のために上昇させる」
15. **storms rumbled** 「雷鳴がした」．storm は「嵐，雪，雷鳴」．
18. **flashes** 水門にある「せき」．
19. **drying off** 「体を乾かした」
20. **drove against** 「激しく吹きつけた」
    It can't come down worse than this 「これよりひどい雨が降ることはありえない」が直訳．
22. **still up** 「まだ起きていた」
23. **I was supposed to have been [in bed]** 「もうとうに寝ているべきだった」．子供なので．
24. **No one could … rain** 「雨の音で誰も眠れなかったろう」(第3章5節参照)．
27. **explode over our heads** 「頭上で破裂する」

heard a pane of glass in the skylight over the stairs shatter with the force of it, and my sisters ran with buckets to catch the water pouring through. Oddly, my mother didn't go to see the damage: she stayed with my father, watching him like a lynx. He was fidgeting up and down, paying no attention to the skylight either, and suddenly he said he'd have to go up to the gates again and open everything to carry all possible floodwater into the lower river. This was what my mother had been dreading. She made a great outcry, but she knew it was no use. My father put on his tarpaulin jacket again and took his oil lamp and a thick stick — I don't know why, nor did he, I think. Jess always hated being out in the rain, but she followed him. My mother watched him from the back door, lamenting, and urging him to be careful. A few steps from the doorway and you couldn't see him any longer for the driving rain.

My mother's lingering at the back door gave me my chance. I got my boots on and an oilskin cape I had (I wasn't a fool, even if I was little) and I whipped out of the front door and worked my way round in the shelter of the house to the back and then took the path my father had taken to the river, and made a dash for it, and

2. 水門で

1 pane of glass in the skylight 「明り採りの天窓のガラス板」
2 shatter with the force of it 「その嵐の力で粉々に割れる」. shutter「閉じる」と混同しないように注意.
4 Oddly ＝It was odd that ～.
6 lynx 「オオヤマネコ」
  fidgeting up and down 「あちこちいらいらと歩き回った」
7 either 「母と同じく父も」
9 open everything　everything は強めで，具体的には水門のあらゆる所を開こうというのである.
  to carry all possible floodwater 「可能な限り出水を移すように」
10 This was　This は「こういう決意の表明」を指す.
  what my mother had been dreading　4 行目の Oddly 以下の母の奇妙な態度の理由がここで判明する.
12 outcry 「抗議の声」
13 tarpaulin jacket 「防水ジャケット」
15 nor did he, I think 「父も分かっていなかったと思う」
18 A few steps from the doorway and 「戸口から二，三歩離れただけなのに，もう～」. この and は「それなのに」. *cf.* She tried hard and she failed.(うんと頑張ったのに失敗した)
20 for the driving rain 「どしゃ降りのために」
21 gave me my chance　どういう chance かというと，次にあるように，父を助けるためについてゆくチャンスである(第 3 章 2 節参照).
23 I wasn't a fool　だからこそ防水カッパを着るのを忘れなかった，というのである.
24 worked my way round 「苦労して回り道をした」
25 in the shelter of the house 「家にかばわれつつ」. つまり家の陰でどしゃ降りの雨から身を守りつつ，ということ.
  to the back 「裏手へ」
27 made a dash for it 「川へと突進した」

caught up with my father and Jess, just as they were turning up the way towards the gates. I held on to Jess's tail for quite a bit before my father noticed me. He was terribly angry, of course, but he didn't want to turn back with me, and he didn't like to send me back alone, and perhaps in his heart of hearts he was glad of a little human company on such a night. So we all three struggled up to the gates together. Just by the gates my father found me some shelter between a tree-trunk and a stack of drift-wood. There I crouched, with Jess to keep me company.

I was too small to help my father with the gates, but there was one thing I could do. He told me to hold his lamp so that the light shone on the gates and what he was doing. The illumination was very poor, partly because of the driving rain, but at least it was better than nothing, and anyway my father knew those gates by heart. Perhaps he gave me the job of holding the light so that I had something to occupy my mind and keep me from being afraid.

There was plenty to be afraid of on that night of storm.

Directing what light I could on to my father

2. 水門で

1. **caught up with** 「〜に追いついた」
3. **held on to Jess's tail** 「ジェスの尻尾をしっかりつかんだ」
   for quite a bit before ... 「…する前しばらくの間」. quite a bit は口語では「結構長い間」ということであって，文字通りの「ほんのちょっぴり」ではない．quite a few も同じで「とっても少ない」ではなく，「たくさん」の意．
4. **noticed me** 「私のいるのに気付いた」
5. **turn back with me** 「私と一緒に引き返す」
7. **in his heart of hearts** 「心の奥では」
   glad of a little human company 「犬だけでなく，ちびでも人間と一緒にいることを喜んだ」
9. **three** Jess も入れて数える．家族同様だから．
10. **found me some shelter** 「私のために(嵐からの)避難所を見つけてくれた」
11. **a stack of drift-wood** 「流木の山」
12. **keep me company** 「私と一緒にいる，私とつき合う」
14. **help my father with the gates** 「水門のことで父を手伝う」．この with は「〜に関して」
17. **what he was doing** 前の on はこの名詞節にもかかる．
20. **knew those gates by heart** 「水門のことはそらんじていた」．by heart「そらで」．*cf.* The child knows many things by heart. I must learn this poem by heart.
22. **something to occupy my mind ... afraid** to は afraid まで続いて something を修飾する形容句を作っている．「私の心を占め，私をこわがらせぬようにさせる何か」が直訳．
27. **Directing what light I could on to my father** 「私に出来る限りの明りを父に向けること」．これ全体が名詞句で，文章全体の主語になっている．Directing は動名詞．could の次に direct が省略されている．

also directed and concentrated my attention on him. I could see his laborious motions as he heaved the great spanner into place. Then he began to try to rack up with it, but the wind and the rain were so strong that I could see he was having the greatest difficulty. Once I saw him stagger sideways nearly into the blackness of the river. Then I wanted to run out from my shelter and try to help him, but he had strictly forbidden me to do any such thing, and I knew he was right.

Young as I was, I knew — it came to me as I watched him — that he couldn't manage the gates alone in that storm. I suppose he was a man already just past the prime of his strength : the wind and the rain were beating him ; the river would beat him.

I shone the light as steadily as I could, and gripped Jess by the collar, and I think I prayed.

I was so frightened then that, afterwards, when I wasn't frightened, I could never be sure of what I had seen, or what I thought I had seen, or what I imagined I had seen. Through the confusion of the storm I saw my father struggling and staggering, and, as I peered and peered, my vision seemed to blur and to double, so that I began sometimes to see one man,

2. 水門で

1 directed and concentrated my attention on him 「私の注意を父に向け、また集中させた」が直訳。direct は「に注ぐ、向ける」。

2 laborious motions 「骨の折れる動き」

3 heaved the great spanner into place 「巨大なスパナを持ち上げてはめる」
Then 「(うまくはまると)次に」

4 rack up with it 「スパナで(せきを)まきあげる」

7 sideways 「斜めに」
nearly into the blackness of the river 「もう少しのところで暗い川の中へと」。sideways で漠然と述べ、それを詳しく説明しているのが nearly 以下(第3章9節参照)。

9 had strictly forbidden 過去完了形の使用に注意。

10 I knew he was right 「父が正しいのを知っていた」では必ずしも正しくない。一般に You are right. という文も「きみの言うことは正しい」であって「君は正しい(人だ)」ではない場合が、非常に多いので注意。そこでここは「父の言う通りだと分かっていた」などとするのがよい。

12 Young as I was ＝Though I was young.
it came to me as I watched him 「父を観察している間にそう思ったのだが」。come to one は一般に「思いつく、頭にひらめく」の意。

15 just past the prime of his strength 「体力の盛りを丁度越したところ」

16 were beating him 「打ち負かす」と「激しくあたる」と両方の意味をかけて用いられている。

17 beat him ここも上と同じだが、「打ち負かして殺してしまう」というニュアンスが強い。

25 peered and peered 「じっと目をこらし続けた」

26 seemed to blur and to double 「かすみ、かつ二重に見えるように思えた」

185

sometimes two. My father seemed to have a shadow-self besides himself, who steadied him, heaved with him, worked with him, and at last together they had opened the sluice-gates and let the flood through.

When it was done, my father came back to where Jess and I were, and leant against the tree. He was gasping for breath and exhausted, and had a look on his face that I cannot describe. From his expression I knew that he had *felt* the shadow with him, just as I had seen it. And Jess was agitated too, straining against my hold, whining.

I looked past my father, and I could still see something by the sluice-gates : a shadow that had separated itself from my father, and lingered there. I don't know how I could have seen it in the darkness. I don't know. My father slowly turned and looked in the direction that he saw me looking. The shadow began to move away from the gates, away from us ; it began to go up the long river-bank beyond the gates, into the darkness there. It seemed to me that the rain and the wind stilled a little as it went.

Jess wriggled from my grasp and was across the gates and up the river-bank, following the vanished shadow. I had made no move, uttered

2. 水門 で

1 two 〔men〕
2 shadow-self 「影の自分」。父と二重写しになっている「影の人物」。
steadied him 「支えた」
3 heaved with him 「共に持ち上げた」。スパナを持ち上げたのである。
8 gasping for breath 「息切れがしていた」
9 had a look on his face that I cannot describe 「どう描写してよいのか分からない表情を浮べていた」
11 had *felt* the shadow with him 「影が自分と一緒だったのを感じた」
12 straining against my hold 「私がおさえているのに刃向かっていた」
13 whining 「くんくん鳴いた」。bark とは違う。
14 looked past my father 「父を通り越したその先を見た」が直訳。簡単に「父の背後を見た」としてよい。
16 had separated itself from my father 「父から離れていた」
17 could have seen it could see it とどう違うだろうか。訳すと「見られた」になってしまうけれど、仮定法の場合は、見えたかどうかはっきりせず、もしかすると錯覚だったかもしれないという気持がこめられている(第3章5節参照)。
19 turned 「後ろを見た」
24 stilled a little as it went 「影が動くにつれて少しおさまった」
25 wriggled from my grasp 「私の手をすりぬけて行った」
27 vanished shadow 「消えてしまった影」
I had made no move, uttered no word 次の父の発言から考えると、これは Jess が影を追うのをとめようとしたのだが、つかまえようと追いかけたり、「戻れ！」と命じたりすることがなかった、というのである。had made は Jess が手をふりほどいた時点でのことだから(第3章11節参照)。

no word, but my father said to me, 'Let them go!' I looked up at him, and his face was streaming with tears as well as with rain.

He took my hand and we fought our way back to the house. The whole house was lit up, to light us home, and my mother stood at the open back door, waiting. She gave a cry of horror when she saw me with my father; and then she saw his face, and her own went quite white. He stumbled into her arms, and he sobbed and sobbed. I didn't know until that night that grown men could cry. My mother led my father indoors, and I don't know what talk they had together. My sisters looked after me, dried me, scolded me, put me to bed.

The next day the telegram came to say that Beany had been killed in action in Flanders.

It was some time after that that Jess came home. She was wet through, and my mother thought she was ill, for she sat shivering by the fire, and for two days would neither eat nor drink. My father said: 'Let her be.'

I'm an old man: it all happened so many years ago, but I've never forgotten my brother Beany. He was so good to us all.

2. 水門で

1. **but my father ...**　私は Jess をとめようとしなかったわけで、それではいけなかったのかとも思っていた．しかし，父も「いいのだ，Jess と長男を一緒に行かせてやれ」と言った．こういう心の動きの中での「しかし」である(第3章10節，11節参照)．

4. **fought our way back to the house**　「苦労しながら家まで戻った」．fight one's way は find one's way, work one's way などと同じく、いずれも「頑張って前進する」ということ．「苦学して学校を出る」という文は work one's way through college と英訳できる．

5. **was lit up**　「明りがともされていた」

6. **light us home**　「私たちが家に戻りやすいように明りをつけておく」．この light と同じ用法として、It's getting dark. I'll light you on your way.(暗くなっているので、明りで道案内しましょう)

7. **gave a cry of horror**　「恐怖のさけび声をあげた」．普通なら喜びの声をあげるのに、どうしてこういう声をあげたのか．おそらく子の顔に超常現象を体験した様子があったからであろう(第3章12節参照)．

10. **sobbed and sobbed**　「すすり泣き続けた」

12. **could cry**　「泣くことがありうる」

14. **looked after me**　「私の世話をした」

17. **had been killed in action**　「戦闘中に死亡した」．一般に「戦死する」という日本語は be killed in the war と訳せる．この場合 die は用いないのが普通である．
   Flanders　ベルギーのフランダース．第一次大戦中の激戦地．

19. **wet through**　「全身がびしょぬれ」

21. **would**　「どうしても～」．過去の強い意志．

22. **Let her be**　「好きなようにさせておけ」

23. **it all**　この物語で語られた出来事すべてを指す．

3. Introduction to ISHI IN TWO WORLDS
by Ursula K. Le Guin

The true story of Alexander Selkirk, fictionalised by Daniel Defoe as "Robinson Crusoe," long ago entered the imagination of the world. It is a haunting image : the English sailor, shipwrecked on a desert island, dressed in goatskins, roaming the beaches through long years of solitude ... and one day, suddenly, finding on the sand a footprint not his own !

When he meets the new castaway and finds him to be a "savage," the white man Crusoe nicknames him with an English word and considers him a servant — "his man Friday." Together they will at last be rescued and returned to the world of men and cities — Crusoe's world, not Friday's.

Like a reversed image of that tale is the story of Ishi, which since the publication of this book in 1961 has haunted the American imagination with an image profounder in its moral implications than that of Crusoe on his island. For

3.『イシ』序文

アーシュラ・K・ル＝グウィン著

『ゲド戦記』『闇の左手』などで有名なファンタジー・ＳＦ作家ル＝グウィンが，母親シオドーラ・クローバーの名著『イシ』新版に序文を書いた．「石器時代」から「文明社会」へ跳躍した最後のヤヒ族イシへの深い共感と現代文明への批判をこめて書かれたエッセイの格調高い英文を味わいたい．

---

1 **Alexander Selkirk** 無人の孤島に漂着し5年間暮らしたというイギリスの水夫．Daniel Defoe(1660-1731)の *Robinson Crusoe*(1719)はこの実話に基づくという．

3 **entered the imagination of the world** 「世界の人びとの想像の中に入った」が直訳．誰しもの想像の世界で生きていて，折に触れて思い出される，ということ．

4 **haunting image** 「心にとりついて離れない心像」

6 **roaming the beaches** roam は自動詞もあるが，この場合は他動詞である．*cf.* dogs roaming the streets(通りをうろついている犬)

long years of solitude ロビンソン・クルーソーは28年間孤島に住んだことになっている．

7 **finding on the sand ... his own** デフォーの描写力をよく示す，砂浜に人の足跡を発見して驚嘆する場面．

9 **the new castaway** 「新入りの漂流者」

10 **"savage"** ル＝グウィン女史は差別語を用いたくないので" "をつけ，「いわゆる未開人」としている．

13 **returned** 「戻される」．過去分詞で受身．

16 **Like a reversed image of that tale** 強調のため主語と述語が倒置されている．「その物語の逆の形のような」．ロビンソン・クルーソーは「文明」から「石器社会」へ入るのに対し，イシはその逆だから．

19 **profounder in its moral implications** 「道徳的な意味合いにおいてより深刻な」

Ishi's solitude was forced upon him, not by the majestic violence of a storm at sea, but by the mean, methodical ferocity of other human beings. The last of all his people, grieving for his murdered family, living for years in hiding as the invaders' towns and farms sprawled all about him, he left no footprints — brushing them away as he walked, so that no one would know that there was still a "savage" up in the hills, a "wild Indian." What loneliness, far bitterer than Crusoe's!

Yet, ironically, when at last he could bear his misery and isolation no longer and entered the world of those other men, instead of the death he certainly expected, he met compassion, recognition, companionship. And he was brought straight from his wilderness to live out his life in the heart of a modern city.

Ishi crossed in one step the great gulf between his timeless Stone Age world and the rushing, industrial Twentieth Century. The grace, the perfect human dignity, with which he made that step, shows clearly that in fact the only gulf between "civilised" and "savage" is that of ignorance, prejudice, and fear.

During the five years he lived at the Museum of Anthropology in San Francisco Ishi was a

3. 『イシ』序文

1   was forced uopn him　「いや応なしに押しつけられた」
2   majestic violence of a storm at sea　「海での嵐という激しい暴力」．ロビンソン・クルーソーの場合はこれが原因で無人島に住んだわけである．
3   mean, methodical ferocity　「卑劣な組織的な残虐行為」．アメリカ西部の先住民族であるインディアンがいかに残虐な方法で殺害されていたか，次第に明らかにされて来ている．『イシ』にもその一部が語られている．イシの家族もすべて殺害された．
4   **The last of all his people**　「自分の部族(ヤヒ族)の最後の生き残り」．文頭に Being が省略されていると考えてもよい．7行目の him までが分詞構文である．
5   in hiding　「隠れて」
6   sprawled all about him　「彼の周囲のあちこち全体に不規則に広がった」
7   brushing them away　「足跡を掃いて消しつつ」
10   What loneliness, far bitterer than Crusoe's !　「何という孤独か，クルーソーのものよりずっと悲痛な孤独だ！」．far は形容詞の比較級を強める役目．
14   instead of the death ... expected　「彼が確かに予想していた死ではなく」．次行の met の目的語として，death ではなく compassion... などに出会った，ということ．expected はよく「期待した」と覚えている人が多いけれど，ここでは違う(第3章2節参照)．
15   recognition　「人間だと認められること」．直訳では意味が伝わらない(第4章2節参照)．
18   a modern city　カリフォルニアのサンフランシスコ．
19   in one step　「一歩で(跨いだ)」
20   timeless Stone Age　「有史前の石器時代」
21   rushing　「あわただしい」
25   that of ignorance ... fear　「無知と偏見と恐怖心の溝」
26   Museum of Anthropology　「人類学博物館」

193

celebrity, a kind of natural wonder whom tourists came to see, but after his death in 1916 his story was chiefly known by the anthropologists and linguists with whom he had worked to record his language and knowledge. Not until the 1950's did it occur to people that, while some of those who had known him were still living, Ishi's story should be put on record, not only for science but for everyone.

I know that my father, the anthropologist Alfred Kroeber, one of those who knew him best, did not want to write his life, but I do not know why. I do not remember my father ever talking about Ishi to us children. I had never even heard of Ishi until my parents began to discuss a book about him with my father's colleague, Robert Heizer, who had long been collecting data for such a book. I can guess reasons for my father's silence ; the principal one might be pain. Coming to California in 1900, Kroeber witnessed the destruction and death of countless peoples and individuals ; his work for years was to bear witness, to salvage whatever could be saved of the languages, the lifeways, the learning of the Native Californians before the genocide was complete. Ishi, a survivor of this holocaust, became his dear friend and

3.『イシ』序文

1 **a kind of natural wonder** 「一種の天然記念物」. この wonder はたとえば Seven Wonders of the World「世界の七不思議」などの使い方と同じ. 博物館ではイシが心ない見物人の好奇の対象とはならぬように苦心した.
2 **his death in 1916** 都市に出現して5年で病死した. 病気は進行性結核であった.
3 **known by** known to と暗記している人が多いが, 実際には by となることもある.
4 **with whom he had worked** イシは文化人類学者や言語学者(その代表は著名な Sapir 教授)の研究に資料を提供した.
8 **should be put on record** 「記録に残されるべき」. ここにあるようにイシの出現は1911年であるのに, 最初の伝記が出たのは50年後の1961年のことであった.
not only for science but for everyone 「科学者たちのためだけでなく一般人のためにも」
11 **Alfred Kroeber** 1876-1960. アメリカの著名な文化人類学者.
12 **his life** 「イシの伝記」
17 **Robert Heizer** カリフォルニア大学の人類学教授でイシのことを長年研究していたが, クローバー教授の妻がイシの伝記を書こうとした時点で全資料を彼女に提供した.
20 **might be pain** 「心の痛みなのかも知れない」. may を使う場合に較べて推量の程度が弱い(第3章5節参照).
21 **Kroeber** my father と言わずに, 客観的に見ている.
22 **countless peoples** 「無数の部族」. イシはヤナ族の中のヤヒ族である.
23 **bear witness** 「(目撃, 記述などの)証言をする」
salvage whatever ... Native Californians 「N. C. の言語, 生き方, 知識の中で救いうるものを可能な限り救出する」
26 **genocide** 「集団殺戮」
27 **holocaust** 元来はナチによるユダヤ人の集団殺戮を指す語だが, ル゠グウィン女史はアメリカ先住民殺戮に用いている.

teacher — and then, within five years, died of tuberculosis, another white gift of death to the Indians. What burden of sorrow, anger, and responsibility did my father carry? Enough that he wrote, when there was talk of an autopsy of Ishi's body, "If there is any talk about the interests of science, say for me that science can go to hell. We propose to stand by our friends." Perhaps, even after forty years, he knew that an attempt to tell Ishi's story would revive that helpless rage.

The writing of the biography was undertaken by my mother, Theodora Kroeber, who had never known Ishi, and so did not have to deal with those emotions first-hand. As she worked on the book she had my father to call upon, but he died before it was complete. It was a long task for her, and full of difficulty, to tell the terrible story of the conquest of California, to bear witness, again, to the evil that men do in the name of Civilization, Progress, and Destiny. She told the tale unflinchingly, without judgment, with deep compassion. I think it was Ishi himself that helped her write the book: his generous, intelligent sweetness of spirit shone to light her way, as it shines for every reader that reads his story.

3.『イシ』序文

2　another white gift of death　「白人からのもう一つの死の贈物」
4　my father　ここでは親しみのこもった表現になっている．どうしてか．おそらく burden, sorrow, anger というような語を用いているうちに親子の情が高まったから自然に father となったのであろう(第3章12節参照)．
4　**Enough that ...**　= It was enough that ...　enough の次にたとえば，to show what burden of sorrow, anger, and responsibility he carried を補ってみる．つまり，父の苦悩は that 以下のことで充分に明らかだ，というのである．
6　**the interests of science**　「科学研究の利益」
7　**say for me ... hell**　「科学なんて犬に食われろと私に代って言え」
8　**stand by**　「の味方をする」
11　**helpless rage**　「もって行き場のない怒り」
13　**had never known Ishi**　イシの生前クローバー教授はシオドーラと結婚していなかったから．
15　**first-hand**　「直接」
16　**had my father to call upon**　「父の助力を頼りにできた」
20　**bear witness, again, to the evil**　「その上，悪の証言者となる」．again は「再び」でなく「その上」である．
　　in the name of　「～の名のもとに，の美名のもとに」
21　**Destiny**　「明白な天命」．とくに Manifest Destiny「運命顕示説」といい，アメリカが北米全体にわたって政治経済的に支配するのは天命なりとする考え方である．こういう考え方のもとにインディアンへの略奪も正当化されていた．
22　**without judgment**　主観的な判断を控えて，客観的に冷静に，ということ．
25　**sweetness of spirit**　「優しい気持」
　　to light her way　「彼女の行く手を照らし出すために」．伝記作者の執筆過程で，イシの気質が精神的な支えとなって役立ったというのである．

The book became a best-seller, and remains a classic. It has helped to change the way people think about the history of the American West, and has moved many, many readers. For the rest of her life my mother received letters thanking her for telling Ishi's story, and almost every one of them said, "Reading it, I wept ..." The tears, I think, were not only for waste and shame, but for delight in meeting beauty in the midst of destruction.

Ishi's feet were "broad and strong, toes straight and unspoiled, longitudinal and transverse arches perfect." He walked with grace and care, the foot "placed in position cautiously, ... sliding along the ground as it touches." This is not the slamming, booted stride of the conqueror, but the gait of one who walks along in fellowship with other people and other beings, a member of the community of Earth. The single footprint that Ishi left on the desert shore of this century may show us in our arrogant, self-created solitude that — if we will only know it — we are not alone.

3.『イシ』序文

1 best-seller　今日でも paperback で出ており，カリフォルニア州の小学校では副読本として用いられている所もある．

2 classic　「古典的な作品」ということだが，一般に「最高水準の芸術作品」についてこう呼ぶことが多い．
change the way people ... West　アメリカの西部についての考え方を変えさせるのに役立ったというのは，インディアンは悪者で白人の騎兵隊は正しいとする昔の西部の映画などが存在しなくなったことにもあらわれている．

4 moved　「心を動かした」．*cf*. It is a moving story.(それは感動的な物語だ)

8 waste and shame　「破壊と恥」．waste はインディアンへの暴虐，shame はそれを許したアメリカ人全体の恥の意識．

11 "broad and strong ... arches perfect"　下の引用と共に *Ishi* の第10章から．「幅広で頑丈，足の指は真直ぐできれいで，縦および横のそり具合は完璧」

14 "placed in position ... it touches"　「一歩一歩は慎重に踏み出され…まるで地面の上をすべるように足が動く」

16 slamming, booted stride of the conqueror　「侵略者の長靴をはいた足で，どしんどしんと大股に歩くさま」．booted はアメリカの騎兵隊の兵士の長靴を念頭に置いてのこと．

17 in fellowship with other people and other beings　「他の人間や他の生物と心を通わせながら」

18 a member of the community of Earth　「地球という共同体の一員」．17行目の one と同格であるが，a member の前に being が省略されていると考えてもよい．その場合は付帯状況をあらわす分詞構文．「一員だという意識を持って歩く」

20 desert shore of this century　「今世紀の孤島の岸辺」．これはロビンソン・クルーソーとの比較から生まれた比喩である．

21 show us　直接目的語は次行の that 以下．

22 if we will only know it　「それに注目する気がありさえすれば」．will は意志．

4. The Summing Up
(extract)

by Somerset Maugham

XVI

At first sight it is curious that our own offences should seem to us so much less heinous than the offences of others. I suppose the reason is that we know all the circumstances that have occasioned them and so manage to excuse in ourselves what we cannot excuse in others. We turn our attention away from our own defects, and when we are forced by untoward events to consider them find it easy to condone them. For all I know we are right to do this ; they are part of us and we must accept the good and the bad in ourselves together. But when we come to judge others it is not by ourselves as we really are that we judge them, but by an image that we have formed of ourselves from which we have left out everything that offends our vanity or would discredit us in the eyes of the world. To take a trivial instance : how scornful we are

4. サミング・アップ(抜粋)

サマセット・モーム著

　20世紀前半の代表的イギリス作家モーム(1874-1965)の64歳の時の回想録の抜粋．小説家，劇作家としての生涯を「しめくくる」(sum up)ような気持で，人生，人間，文学について率直に述べている．機知と諷刺にあふれる平明な文章で人生の真実に迫るエッセーの核心部分を味読しよう．

1　**At first sight**　「一見したところ」
　offences　「欠点，落度」
2　**should**　「～なんて」のように意外性をあらわす．*cf.* I'm surprised that he should have done such a thing.
　so much less heinous　「はるかに恥ずべき点が少ない」
4　**have occasioned them**　「それらを引き起こすことになった」．them は our own offences.
5　**and so manage to ～**　知っている，だから何とか～できるのである．and so の結びつける役割を無視しないように．
6　**what we cannot excuse in others**　「他人にそれがある場合には許せないようなもの(欠点)」．これ全体が名詞節で5行目の excuse の目的語になっている．
8　**when we are**　when は consider them まで続く．
　untoward events　「困った出来事」
9　**find it easy to condone them**　it は to 以下で，them は offences.
　For all I know　「多分」
10　**they**　=offences.
13　**it is ...**　it ... that の強調文．
　as we really are　「われわれの本当の姿」
14　**image that ... ourselves**　「自分を材料にして作りあげた姿」
15　**from which**　which の先行詞は image.
17　**discredit us in the eyes of the world**　「世間から見て自分の信用を失わせる」

when we catch someone out telling a lie ; but who can say that he has never told not one, but a hundred ? We are shocked when we discover that great men were weak and petty, dishonest or selfish, sexually vicious, vain or intemperate ; and many people think it disgraceful to disclose to the public its heroes' failings. There is not much to choose between men. They are all a hotchpotch of greatness and littleness, of virtue and vice, of nobility and baseness. Some have more strength of character, or more opportunity, and so in one direction or another give their instincts freer play, but potentially they are the same. For my part I do not think I am any better or any worse than most people, but I know that if I set down every action in my life and every thought that has crossed my mind the world would consider me a monster of depravity.

I wonder how anyone can have the face to condemn others when he reflects upon his own thoughts. A great part of our lives is occupied in reverie, and the more imaginative we are, the more varied and vivid this will be. How many of us could face having our reveries automatically registered and set before us ? We should be overcome with shame. We should cry that we

4. サミング・アップ

1　catch someone out telling a lie　「嘘をつくのを見つける」
2　he has never told　この he は someone でなく who である。つまり「自分は(嘘を)ついたことが一度もない」。
　but　not 〜 but の but.
5　sexually vicious　変態というようなこと。モームの時代は性的放縦にとくに厳しかった。
　intemperate　「不節制」。とくに飲酒に関していう。
6　it　to 以下。
7　its heroes' failings　「その英雄たちの短所」。its は the public を受ける。
　There is not much to choose between men　「人間はすべて似たりよったりだ」。ここも含めて、以下数行はモームの人間観の中心をなす。much to choose＝much difference.
8　a hotchpotch of ... baseness　さまざまな対立する要素の寄せ集め、ということ。nobility and baseness「高貴さと卑しさ」
12　give their instincts freer play　「本能をより自由に発揮させる」。give 〜 free play「〜を十分に働かせる」
14　For my part　「私自身としては」
16　know　「かたく信じている」
　set down　「書き留める」。仮定法過去だから、set は過去形。
18　a monster of depravity　「腐敗堕落した怪物」
20　the face　「厚顔」
23　the more imaginative 〜, the more ...　「〜であれば、その分だけ…だ」の公式を思い出すこと。
24　this　＝our reverie.
25　face　「直面する」
　having our reveries ... before us　have＋目的語＋p.p. の形。「夢を自動的に記録され目前につきつけられること」
26　should　「もしそんなことがあったら」という仮定に対する帰結。
27　should cry　この should も同じ用法。

could not really be as mean, as wicked, as petty, as selfish, as obscene, as snobbish, as vain, as sentimental, as that. Yet surely our reveries are as much part of us as our actions, and if there were a being to whom our inmost thoughts were known we might just as well be held responsible for them as for our deeds. Men forget the horrible thoughts that wander through their own minds, and are indignant when they discover them in others. In Goethe's Wahrheit und Dichtung he relates how in his youth he could not bear the idea that his father was a middle-class lawyer in Frankfurt. He felt that noble blood must flow in his veins. So he sought to persuade himself that some prince travelling through the city had met and loved his mother, and that he was the offspring of the union. The editor of the copy I read wrote an indignant footnote on the subject. It seemed to him unworthy of so great a poet that he should impugn the undoubted virtue of his mother in order snobbishly to plume himself on his bastard aristocracy. Of course it was disgraceful, but it was not unnatural and I venture to say not uncommon. There must be few romantic, rebellious and imaginative boys who have not toyed with the idea that they could not be the son of their dull and

4. サミング・アップ

- 3 **as that** この as が上の 8 個の as の一つ一つと結びついて as ... as「同じくらい」となる.「それほどまでに」
- 4 **if there were a being ... known** 「もしわれわれの心の奥の奥の考えを知られているような存在があるとしたら」
- 6 **we might just ... our deeds** 「行為に対してとまったく同様にそういう考えに対しても責任を取らされるであろうが,それも当然だ」. may as well A as B の形.「B と同様 A してもよい」. 仮定法なので might になっている.
- 9 **and are** are の主語は Men.
- 10 **them in others** 「他人の中に horrible thoughts を」
  Goethe's Wahrheit and Dichtung 「ゲーテの真実と詩」. 文豪ゲーテの自伝で普通は「詩と真実」という. Wahrheit＝Truth, Dichtung＝Poetry.
- 12 **bear the idea** 「～の考えに耐える」
- 13 **Frankfurt** ゲーテの生誕地.
  noble blood must flow in his veins 「高貴な血が自分の血管に流れていなくてはならない」. この must は「ねばならぬ」.
- 14 **persuade himself** 「自分に思いこます」
- 15 **the city** *i.e.* Frankfurt.
- 17 **the union** 「その王子と母との結合」
- 18 **on the subject** 「この問題に関して」
- 19 **It** 下の that 以下を指す.
  unworthy of so great a poet 「ゲーテほどの偉大な詩人にはあるまじきこと」
- 20 **he should impugn** 「疑いをかけるなんて」
- 22 **plume himself on** 「～を自慢する」
- 24 **venture to say** 「思い切って言う」
- 25 **few** a few でないことに注意. 次行の not と合わさると,「～でない人はまず存在しない」ということになる.
- 26 **have not toyed with the idea** 「という考えをもてあそんだことがない」
- 27 **could not** 「筈がない」

respectable father, but ascribe the superiority they feel in themselves, according to their own idiosyncrasies, to an unknown poet, great statesman or ruling prince. The Olympian attitude of Goethe's later years inspires me with esteem ; this confession arouses in me a warmer feeling. Because a man can write great works he is none the less a man.

It is, I suppose, these lewd, ugly, base and selfish thoughts, dwelling in their minds against their will, that have tormented the saints when their lives were devoted to good works and repentance had redeemed the sins of their past. St. Ignatius Loyola, as we know, when he went to Monserrat made a general confession and received absolution ; but he continued to be obsessed by a sense of sin so that he was on the point of killing himself. Till his conversion he had led the ordinary life of the young man of good birth at that time ; he was somewhat vain of his appearance, he had wenched and gambled ; but at least on one occasion he had shown rare magnanimity and he had always been honourable, loyal, generous and brave. If peace was still denied him it looks as though it was his thoughts that he could not forgive himself. It would be a comfort to know that even the saints

4. サミング・アップ

1. **but ascribe ... to 〜** 「そうではなくて、自分の中に感じる優秀さを〜に帰する」。ここでは they could not be ... but could ascribe と続くのだが、やや無理な構文である。ascribe A to B「Aの原因をBに帰する」
2. **according to their own idiosyncrasies** 「それぞれの個性に応じて」。たとえば詩人に憧れている少年なら、本当の父は詩人だと想像する。
4. **ruling prince** 「有力な王子」
   Olympian attitude 「オリンポスの神々のような態度」
6. **warmer feeling** 「もっとあたたかい気分」
7. **Because a man ... a man** 「大作品を書きうるからといって、やはり人間であることには変りない」。none the less「それでもやはり」。*cf.* You should not despise a man because he is poor.(貧乏だからといって彼を軽蔑してはならぬ)
9. **It is** It ... that の強調文。
10. **against their will** 「意志に反して」
11. **when their lives ... their past** 「彼らの生涯が善行にささげられ、悔い改めが過去の罪をあがなった時に」が直訳。
14. **St. Ignatius Loyola** 1491-1556. スペインの聖職者。
15. **Monserrat** 「モンセラ山」。880年創設の修道院がある。
    general confession 「すべてのことのざんげ」
16. **received absolution** 「許しを受けた」
17. **on the point of killing himself** 「もう少しで自殺するところ」
18. **conversion** 「改宗、回心」
19. **had led the ordinary life** 過去完了に注意(第3章6節参照)。
21. **wenched** 「女遊びをした」
23. **rare magnanimity** 「稀に見る度量の広さ」
24. **peace was still denied him** 「心の平静がまだ与えられなかった」
25. **it looks as though 〜** 「〜らしい」
26. **It would be a comfort to know ...** 「…を知れば、そのことは慰めとなろう」(第3章5節参照)。

were thus afflicted. When I have seen the great ones of the earth, so upright and dignified, sitting in state I have often asked myself whether at such moments they ever remembered how their minds in solitude were sometimes occupied and whether it ever made them uneasy to think of the secrets that their subliminal self harboured. It seems to me that the knowledge that these reveries are common to all men should inspire one with tolerance to oneself as well as to others. It is well also if they enable us to look upon our fellows, even the most eminent and respectable, with humour and if they lead us to take ourselves not too seriously. When I have heard judges on the bench moralizing with unction I have asked myself whether it was possible for them to have forgotten their humanity so completely as their words suggested. I have wished that beside his bunch of flowers at the Old Bailey, his lordship had a packet of toilet paper. It would remind him that he was a man like any other.

XVII

I have been called cynical. I have been accused of making men out worse than they are. I do not think I have done this. All I have done

4. サミング・アップ

1. were thus afflicted 「このように苦しんだ」
   When 3行目の state まで続く．
   great ones of the earth 「地上のお偉い方々」
3. sitting in state 「堂々として座っている」
   asked myself 「頭の中でよく考えた」
6. it ever made them uneasy　it は to think 以下．「不安な気分にさせたことがある」
7. subliminal self harboured 「識閾下の自我が心に抱いた」．harbour 「(悪意などを)抱く」
8. knowledge that ... all men 「that 以下のような知識」
10. inspire one with tolerance 「人に寛容な気持を起させる」
    to oneself as well as to others 「他人に対してと同じく自分自身に対して」
11. It is well also if ... 「もし…であれば，それもまた結構だ」．It は if 以下を指す．
    they enable us　この they は reveries.
12. look upon our fellows with humour 「仲間の人間たちをユーモアをもって眺める」
13. if they lead us ... seriously　11行目の It is well also に続く．「もし妄想が自分自身のことをあまり真面目に考えないように人をうながすならば」
15. moralizing with unction 「さも熱情をこめているようにお説教をする」．with unction「感激した語調で」
17. their humanity 「自分が人間なのだという事実」
20. Old Bailey　ロンドンの中央刑事裁判所の俗称．判事席の卓上に花束と並べて一束のトイレット・ペーパーを置け，というのは joke ながらモームの人間観からの当然の発言である (第3章10節参照)．
    his lordship 「判事閣下」
22. man like any other [man] 「どこにでもいる人と同じ人」
24. making men out worse than they are 「人間を実際よりも悪く描いた」．make out 「描く」

is to bring into prominence certain traits that many writers shut their eyes to. I think what has chiefly struck me in human beings is their lack of consistency. I have never seen people all of a piece. It has amazed me that the most incongruous traits should exist in the same person and for all that yield a plausible harmony. I have often asked myself how characteristics, seemingly irreconcilable, can exist in the same person. I have known crooks who were capable of self-sacrifice, sneak-thieves who were sweet-natured and harlots for whom it was a point of honour to give good value for money. The only explanation I can offer is that so instinctive is each one's conviction that he is unique in the world, and privileged, that he feels that, however wrong it might be for others, what he for his part does, if not natural and right, is at least venial. The contrast that I have found in people has interested me, but I do not think I have unduly emphasized it. The censure that has from time to time been passed on me is due perhaps to the fact that I have not expressly condemned what was bad in the characters of my invention and praised what was good. It must be a fault in me that I am not gravely shocked at the sins of others unless they personally affect me, and even

4. サミング・アップ

1 bring into prominence 「目立たせる」。目的語は次の certain traits.
that many writers shut their eyes to 「多数の作家が目を閉ざしているような」
3 lack of consistency 「首尾一貫性の欠如」
4 all of a piece 「すべての面で首尾一貫しているような(人)」
5 It has amazed me It is that 以下。
incongruous 「釣り合わない」
6 should exist 「存在するなんて」
for all that ＝in spite of all that.
7 yield a plausible harmony yield＝produce. 6 行目の traits should に続く。
8 seemingly irreconcilable 「外観上は調和しにくい」。直前の characteristics にかかる。
10 crooks 「悪漢」
capable of self-sacrifice 「自己犠牲が可能である」
11 sneak-thieves 「こそ泥」
12 harlots for whom … for money 「その人にとって，お金に対してよい価値を与えるのは名誉にかけた信念であるような売春婦」が直訳。「払ってもらった金に対して正当なサービスをするのを名誉にかけた信念としている売春婦」くらいに意訳するとよい。
14 so instinctive 16 行目の that と合わせて so … that.
15 conviction that he … privileged 「自分はこの世でかけがえのない特権を持った人物だという確信」
17 what he for his part does 「彼がすること」
18 is at least venial venial 「許しうる」。主語は what he for his part does.
21 has … been passed on me 「私に向けられた(非難)」
24 characters of my invention 「私の作中人物」
27 they personally affect me 「他人の罪が私個人に直接影響を与える」

211

when they do I have learnt at last generally to excuse them. It is meet not to expect too much of others. You should be grateful when they treat you well, but unperturbed when they treat you ill. 'For every one of us,' as the Athenian Stranger said, 'is made pretty much what he is by the bent of his desires and the nature of his soul.' It is want of imagination that prevents people from seeing things from any point of view but their own, and it is unreasonable to be angry with them because they lack this faculty.

I think I could be justly blamed if I saw only people's faults and were blind to their virtues. I am not conscious that this is the case. There is nothing more beautiful than goodness and it has pleased me very often to show how much of it there is in persons who by common standards would be relentlessly condemned. I have shown it because I have seen it. It has seemed to me sometimes to shine more brightly in them because it was surrounded by the darkness of sin. I take the goodness of the good for granted and I am amused when I discover their defects or their vices; I am touched when I see the goodness of the wicked and I am willing enough to shrug a tolerant shoulder at their wickedness. I am not my brother's keeper. I cannot bring

4. サミング・アップ

1 they do ＝the sins of others personally affect me.
2 meet ＝suitable.
4 but 〔you should be〕 unperturbed
  treat you ill 「虐待する」
5 the Athenian Stranger 「アテネの客」．プラトンのこと．
6 is made pretty much what he is 「今のような人間に出来上っている」
7 the bent of his desires 「欲望の傾向」
8 It is want of imagination that It ... that の強調文．「that 以下は想像力の欠如なのである」
10 their own 〔point of view〕
11 because they lack this faculty 「他人がこの想像力を欠いているからといって」
12 I could be justly blamed 「責められても正当だろう」．この justly は文全体を修飾しているので，It would be just to be blamed と書き換えうる．
14 this is the case 「これが私にあてはまる」．上の一方的な見方を私はしていない，ということ．the case の次に with me を補って考える (第3章7節参照)．
15 it has it は to show 以下．
17 by common standards ... condemned 「普通の基準によれば，容赦なく糾弾されるであろう」(第3章5節参照)．
18 I have shown ... seen it 作者の語調は強い．自信にあふれていて，一歩もゆずらぬ感じ (第3章10節参照)．
19 It has seemed It は goodness.
22 take ... for granted 「…を当然視する」
23 their defects their は the good.
26 shrug a tolerant shoulder 「仕方ないというように肩をすくめる」
27 I am not my brother's keeper 「同胞の監視人でない」．聖書創世記にあるアベルとカイン兄弟のカインの言った言葉．
  bring myself to ... 「…するように気持を持ってゆく」

myself to judge my fellows; I am content to observe them. My observation has led me to believe that, all in all, there is not so much difference between the good and the bad as the moralists would have us believe.

I have not on the whole taken people at their face value. I do not know if this coolness of scrutiny has been inherited from my fathers; they could hardly have been successful lawyers if they had not possessed a shrewdness that prevented them from being deceived by appearances; or if I owe it to the lack in me of that joyful uprush of emotion on meeting people that makes many, as the saying is, take their geese for swans. It was certainly encouraged by my training as a medical student. I did not want to be a doctor. I did not want to be anything but a writer, but I was much too shy to say so, and in any case at that time it was unheard of that a boy of eighteen, belonging to a respectable family, should adopt literature as a profession. The notion was so preposterous that I never even dreamt of imparting it to anybody. I had always supposed that I should enter the law, but my three brothers, much older than I, were practising it and there did not seem room for me too.

3 **all in all**　「すべてを考えれば」
4 **the good**　＝good people.
   as the moralists ... believe　「道徳家がわれわれに信じさせようとするようには」
6 **on the whole**　「全体として」
   at their face value　「額面通りに」
7 **coolness of scrutiny**　「冷静な吟味」
8 **fathers**　「祖先たち」
12 **or if**　＝or I do not know if.
   owe it to ...　it＝coolness of scrutiny.「それは…のせい」
   that joyful uprush ... people　「人と出会った折のあの喜ばしい感情の高まり」
14 **makes many ... for swans**　「諺で言うように, がちょうを白鳥と思いあやまらせる」。買いかぶる, の意.
15 **It was certainly ... traning**　It は7行目の coolness of scrutiny. encouraged は普通の「はげまされた」ではなくて,「促進させられた」の意である. *cf.* Good health encourages clear thinking.(健康だと頭もさえてくる)
16 **a medical student**　作家になる以前にモームは医学校で学んだ. 最初の二年間は怠けていたけれど, その後外来患者係の実習生になってからは, 医学に興味をおぼえ始めた. 虚飾をはいだ赤裸々の人間に接し, 絶好の人間性探求の機会を与えられたからである. 医学生としての体験は, 彼に自分を含めて人間を冷静に突き放して見ることを教えたようだ.
17 **I did not want to be anything but a writer**　「作家以外の何にもなりたくなかった」。but＝except.
19 **it was unheard of that**　it は that 以下. unheard of「前代未聞の, とても珍しい」
21 **should adopt**　「選ぶなんて」
22 **The notion**　「そんな考え」
24 **enter the law**　*i.e.* become a lawyer.

1. ハイイロガンの春夏秋冬(抜粋)

ハイイロガンのつがいは普通一生貞節な夫婦として添い遂げるものだ．けれども何か「劇的な状況」が生じて中断することもある．もう「婚約」していたり，あるいは夫婦生活を続けていたにもかかわらず，雄または雌のガンが突然に，それも熱烈に，違った相手と「恋におちて」しまう場合がある．通常このような不倫は元のつがいの誕生に不都合なところがあった場合にのみ生じる．たとえば，雄が大好きだった初恋の相手を失くし，代用品として今の配偶者と結ばれているというような場合である．ハイイロガンを長年観察していて，卵を産み，ひなをうまく育てたようなつがいが別離したのを目撃したのは三例しかない．驚くべきことに三例の中の二例まで，誘惑した雄はアドーであった．

人間の手で育てられた二羽のガンがつがいとなり，その後1973年春にうまく卵を産んでいた．この二羽はそれぞれ違う養い親に育てられ，研究所の習慣に従って親の名をもらい，雄はヤノス・フレーリッヒ，雌はスザンネ゠エリザベート・ブライトと名付けられていた．このつがいはひな一羽と共にグリューナウに移されたが，1973年の秋には三羽とも飛び去ってしまい，親のつがいだけが1974年の春戻っていた．ヤノスに比べて年齢も上で体格も頑丈な雄のアドーには，オーストリアへの引越騒ぎの最中に「妻」を失くすという過去があった．「妻」といっても二羽はまだ子育てをしていなか

1. ハイイロガンの春夏秋冬(翻訳)

ったのだから「花嫁」というほうが当っている。アドーに比べるとヤノスはずっと弱いので,浮気なスザンネ゠エリザベートがアドーへの愛情の故に自分から離れてゆくのを阻止できなかったのである。こうして1976年にアドーとスザンネ゠エリザベートはアルマ湖で子育てをしていたのだが,そのとき運命の女神はキツネの姿を借りて再びアドーの運命を狂わせた。ある朝スザンネ゠エリザベートの死体の下半分が,空になった巣の中に見つかった。そばには悲しみに沈んだアドーが茫然と立ちつくしていた。

ガンは人間と少しも変らない悲しみの能力を所有している。こう述べるのは,容認しがたい擬人説であるなどという反論を,私は受け入れない。もちろんガンの心の奥をのぞけるわけではないし,動物は自分の気持を口頭で人間に伝えられない。けれども,それをいうなら人間の子供だって同じだ。ジョン・ボウルビーは子供の悲しみに関するよく知られた著作の中で,幼い子供がどれほど深く悲しみうるかを説いている。それを読めば誰しも納得するし,また哀れをもよおすのである。子供の悲しみのほうが大人の場合より深いし強いと考えて誤りはない。何しろ子供は合理的に考えて安心することなどできないのだ。動物の場合も,たとえば主人が旅行に出かけた犬は,主人が永久にいなくなったかのように悲しむ。主人は,一週間したら戻ってくるのだと犬に説明してやれない。長期間あとに残された犬は感情面で深い傷を受けてしまうので,主人が帰宅した時にとても嬉しそうに迎えるのは不可能になっている。以前通りの快活さを取り戻すには数週間かかる場合が多く,時には元通りにならないこともある。感情の

面では，動物は一般に考えられている以上に人間に近い．人間と動物の間に大きな差が存在するのは合理的な思考の能力においてである．講演会や素人の方との会話で私がよく言っている通り，「皆さんがお考えになっているよりも動物たちは知性では劣っています．でも感情や情緒の面では皆さんが考えていらっしゃるよりずっと私たちに近いのです」．

この見解は脳のさまざまな部分の構造と機能に関して分かっている知識によって裏付けられる．動物の場合と同じく人間の場合，合理的思考能力は前脳（より厳密には終脳）にあり，感情の中心は脳の基部に近いところに存在する．人間のこの基部の部分は高等動物のものと本質的な違いはない．しかし，前脳の大脳半球の発達の度合いは，人間と動物とでは大きな差異がある．

激しい感情，とくに悲しみの客観的・生理的な徴候は動物とくにガンと犬と人間とではほぼ同一である．すなわち，自律神経系では交感神経系の張力が弱まり，その一方，副交感神経系（とりわけ迷走神経）の張力は強まる．この結果，中枢神経系の全般的な反応力が衰え，筋肉組織は張りを失い，その結果として眼は眼窩の中に落ち込む．文字通り，人間も犬もガンも頭をうなだれ，食欲を失い，周囲から発せられるあらゆる刺激に反応できなくなる．悲嘆に暮れた人間もガンも事故に対してきわめて抵抗力がなくなってしまうという影響が出る．人間は車の事故にあいやすくなるし，ガンの場合だと高圧電線にひっかかるとか食肉動物の犠牲になるとか，そういうことが多くなる．すべて敏感な反応ができなくなるからである．

1. ハイイロガンの春夏秋冬(翻訳)

　悲しみはまた周囲にいる仲間のガンとの関係に著しい影響を及ぼす．悲嘆に暮れたガンは他のガンたちが攻撃をしかけてくるとまったく身を守れなくなる．悲しんでいるガンが事故の前までガン社会の厳格な上下関係の中で上位の地位を占めていたとすれば，突然無防備になったことが，下位だったガンにすぐ気づかれ，あっという間につけこまれる．四方八方から突いたり押されたりし，群れの中で一番弱く臆病な鳥にさえも突っつかれる．言い換えれば，つつき順位で一番下位に落ちてゆくのである．動物社会学者の用語を用いれば「最下位動物(オメガ)」になる．

　前にも述べたように，愛するものに先立たれたガンは普通家族のもとに帰ろうとする．何年も前に人間の手で育てられ，今は年とった雄のガンが，長い幸せな「結婚」の間は育て親に特別の情も見せていなかったのに，配偶者に先立たれ，悲しみに打ちひしがれて突然育て親のもとに戻ってくるのを目撃すると，格別哀れをもよおす．アドーは人間に育てられたのではなくて親鳥に育てられたのであり，この親はずっと前に死んでいた．それに彼はとくに人に慣れているのでもなくて，たとえば，人間の手からものを食べるほど慣れてはいなかった．それだけに一層哀れに思えたのだが，1976年夏のスザンネ゠エリザベートの死の後，彼は私につきまとって離れなくなった．元来彼は私よりシビレ・カラスあるいはブリギッテ・キルヒマイヤーと親しかったのであった．ところが彼が序列上の最下位に落ち，ハイイロガンの群れにいじめられていたような時のことである．私が群れから離れると，アドーは私の後からしょんぼりと体を丸め，恥ずかしそうにつ

第5章 長文を味わう

いてくることがあるのに，しばらくして私は気づいた．そして私から25ないし30フィートの地点でじっと動かずにいるのだった．

アドーは1976年の秋と冬はそんな風にさびしそうに孤立した状態のままだった．それから1977年の春思いがけず，すっかり立ち直りを見せた．そしてすぐさまゼルマという雌のガンに熱烈に言い寄り始めたのだ．ゼルマにはれっきとした「夫」グルネマンツがいて，二人で前の年に三羽のひなを育てあげていた．にもかかわらず，アドーの求愛にこの浮気者の雌ガモは応じたので，その後，めったに見られない激しい嫉妬によるドラマが演じられることになった．

「正当な」夫あるいは花婿には，自分の雌が別の雄に興味を示した場合，雌がその雄とどこかに行ってしまうのを防ぐために取りうるいくつかの行動様式がある．まず，雌がどこへ行っても側にくっついていて，浮気の相手の方へ行きそうになったら道をとざすことができる．もしすっかり頭に来たら雌を噛むことだってできる．普通ならそんなことは決してしないのだが．

このような雄の行動様式を丁度今，私に嫉妬している雄のヒシクイ(リンネ式動植物分類法でアンセル・ファバリス)を用いて実演してみることができる．彼の伴侶の雌カミリアはほぼ3歳になるのだが，この私に対して子供らしい愛情をはっきりと示している．彼女は私を見かけるやいなやすぐ走って来て挨拶しようとする．こういう子供っぽい傾向にもかかわらず，彼女は一年前に雄のヒシクイのカルヴィンとしっかりと婚姻関係を結んだのである．ところでこのカルヴィン

1. ハイイロガンの春夏秋冬（翻訳）

は自分の「花嫁」が自分以外の誰かに――たとえ人間に対してでも――親密そうに挨拶したりするのを好まない．研究所の見学者のための実演用に，私はカミリアを呼びよせ，私に挨拶するようにしようものなら，たちまちカルヴィンは立腹して，上述したような嫉妬行動をあれこれやり始めるのである．

そのようにして自分の雌を監視しなくてはならないガンの雄は非常に困難な立場に立たされることとなる．伴侶から離れて恋敵を攻撃に行くわけにはいかない．そんなことをしている間に不実な雌は好機とばかりに逃げてしまうからである．彼は食事もまともに取れなくなり，このドラマが何週間も続くと目に見えて体重が減ってくる．夜明けから薄暗くなるまで三羽のガンの「三人組」が足早の行列をなして風景の中をあちこち移動するのが見られる．一番先頭には雌に好かれている恋敵がいて，その後から雌が行き，二羽の間に割って入るようにして雄が必死になって伴侶を見張っている．

恋の鞘当ては，問題の雌自身がどちらを愛すべきなのか決心しかねている場合にとくに激しいものとなる．私が覚えている中でもっとも激しい雄同士の争いはアルマという雌を奪い合ったブラシウスとマルクスという二羽の雄のガンの間で戦われた．二羽の雄は同じくらいの体力を持ち，アルマはどちらの雄を自分の夫にしたいのか決めかねていたのだった．

この二羽の間で行われた空中戦を観察していたが，あやうく命取りになるような激しいものだった．ガンという鳥は空中で戦うのに好都合に体が出来ている．空中で一方が他方の上方に飛び，猛禽のように急降下し敵に接近しながら翼の肩

第5章 長文を味わう

部(解剖学上は人間の手首にあたる)で一撃をくらわすのである．ブラシウスとマルクスの空中戦では，マルクスが翼の肩部でブラシウスの首根っこ，翼のすぐ前の部位に一撃を与えることができた．この部位には丁度，翼に神経を送っている神経叢がある．ブラシウスは翼がすっかり麻痺し60フィートほどの高度から石のように落下した．彼にとって幸いなことに水中に落ちた．もし岩の上とか硬い砂礫層の上に落ちていたら，間違いなく死んでいたろう．実際は水中であったから一時的な麻痺だけで済んだ．数日間翼がだらりとたれていたが，数日後には元通りになった．それでもこの空中戦は競争相手の雄同士の間の争いは死に至る可能性が高いことを示している．ところで，勝利を収めたマルクスが得意になって花嫁アルマを自分のものにしたのは言うまでもない．

　地上戦はこれとは違った形のものとなる．ハイイロガンには二つの武器がある．すなわち，きつく噛みつくことのできるくちばしと翼の肩部である．後者には小さなとげのような，角質で厚く覆われた骨の突起——手根骨のけづめと呼ばれている——がついている．けんかする時には，雄同士はくちばしで互いの体，たいていは首のどこかをつまみ，相互の体をぴったりと寄せ合うようにする．これは翼の肩部で攻撃を加えるのに具合のよい近距離に相手を置くためである．一方の翼はバランスを取るために後に広げ，もう一方は手首のつなぎ目のところで曲げる．これは相手をたたくように角質の武器をよい位置に置くためである．けんかが始まると，ずいぶん遠く離れた所でもぴしゃり，ぴしゃりとたたく音が聞こえてくるので，他のガンたちも興奮して見物するために集まって

1. ハイイロガンの春夏秋冬(翻訳)

くる．

　序列上低い地位にいるガンはとくに熱心に見物する．より高い地位のガンの中にはけんかに加わってゆく者もいるけれど，それはとくに腕力に自信がある大胆な鳥に限られている．普通のけんかでなく今述べたような恋の鞘当ての場合は，他の鳥がけんかに参加する可能性は高い．というのは，二羽の争いは群れ全体の力関係を混乱させるので興奮しがちだからである．

　序列における地位に関する普通の争いは翼の肩部を用いる決闘にまでエスカレートすることはまずない．たとえそこまで発展したところで，せいぜい数分だけである．それとは対照的に，同じ雌を求愛する二羽の雄同士の翼の肩部を用いての争いは 15 分以上も続くこともあって，二羽とも衰弱してしまう．この種の争いがまだ決着がつかないと，翌日また再開されることもよくある．

　ガンのけんかで最も激しいのは次の二つの特別の交際関係の破綻から生じる．一つは以前に声を揃えて勝鬨をあげ，一種の同性愛で結ばれていた二羽の雄の場合である．ある時を境にして突然，「愛」が「憎しみ」に変ってしまい，その時点から争いが開始され，このような憎しみは数年間も継続することがある．研究所で二羽の雄のガンがいつまでもいつまでもいがみ合っているのが観察される度に，二羽の前歴をよく調べてみると，以前は同性愛的な感情で結ばれていたのが判明する．

　猛烈な争いに至る第二の場合はすでに述べた．つまり，一羽の雌が二羽の雄に求愛され，どちらの愛を受け入れるかは

っきりした態度を取らぬ時の争いである．ゼルマの場合，彼女の選択は，「正式の夫」たるグルネマンツと新しい求愛者アドーの間で数回にわたって迷った．このためにシビレ・カラスが連続写真に記録したようにすさまじい争いが生じたのである．

　二羽の間のけんかは数日間続き，ついにアドーに首の羽をしっかりおさえつけられると，グルネマンツは降参し逃げ出した．勝利を得たアドーは自信に胸をふくらませ，まるで鷲のような姿勢を取って立っていた．翼の肩部の角質の突起物が目立つように翼をかかえこんでいるので，まるでメリケンサックを威嚇するように振り回しているように見えた．

　グルネマンツは安全な距離まで逃げると，すっかり力を出し尽してしまったようによろよろと地面にしゃがみ込んだ．その後，彼はそれまで下位にいたガンから攻撃されることになった．アドーとの争いで配偶者を奪われた雄は，哀れにも，もっとも弱い攻撃者からも身を守れなくなってしまった．二年前のアドーと同じく，グルネマンツは妻と同時に社会的地位も失ったのである．

2. 水門で

　姉さんはいくたりもいた(と老人は語った)，みんなやさしい人たちだったよ．それから兄さんも．兄さんはたった一人しかいなかった．兄さんとわしはきょうだいの中で両端にいた．一番上がジョン兄さん——わしらはみんな，なぜかビーニィと呼んでいたがね．その次に姉さんが四人続いて，最後にわしだ．わしはチビと呼ばれていたが，この理由は誰にも明らかだ．

　わしらの父さんは製粉業者で，家は製粉所のすぐ近くにあった．水力を用いる工場で川のすぐ上にあり，水車は工場の真下にあった．あの恐ろしい夜に起こったことを分かってもらうのに，まず水車がどんな風にして動くものなのかを少し知ってほしいな．川が水車に届く前の 100 ヤードほど上流の所に水門があり，川は二つに分かれる．上の方の川は流れて来て水車を回転させるわけだが，下の方の川は水門のところで上の川と分かれ，水車の側を通り過ぎて流れてゆく．水車のずっと下流で上の川と下の川はまた合流する．水門を開閉することによって上の川から下の川に流れる水量を調節できる．これで水門の役目が理解できたと思う．製粉業者は水車を回す水流をふやしたりへらしたりできるし，川の水がばかに増した時などにも水門を大きく開いて下の川に落とすことができるのさ．

　わしは製粉業者の息子だったから，ずっと幼い時でもこう

いう水門の仕組みはよおく分かっていた．わしがまだチビで小学校に通っていた頃，ビーニィはもう製粉所でおやじの手伝いを始めた．おやじが言うには，兄貴は一人前の大人並だということだった．力はあるし，穀物の品質を触っただけで見分けられたし，水車の構造に通じ，その上，荷馬車屋二人を入れても十人しかいない製粉所の工員たちとの折合いもよかった．もちろん，水門のこともよく心得ていて，水車に丁度よい量の水を送りこむ調節のこつも身につけていた．しかもそういう仕事が大好きだった．やっている作業も好きだし，製粉業者としての生活も気に入っていた．製粉所，川，川の長い堤――全部を愛していた．きっといつの日か父の後継者になるさ，と誰もが噂していたよ．

わしはまだ幼くて，そんなことで兄貴に焼きもちやくことは全然なかった．いずれにしたって，ビーニィみたいないい兄さんなんか，そんじょそこいらにいるわけじゃあるまいし，ビーニィのことを妬くなんてありえなかった．どこの誰よりも，この兄貴を愛し尊敬していたよ．わしをとても可愛がってくれたものよ．チビの弟なんて邪魔者扱いされたって当然なのにさ，どこへでも一緒に連れて行ってくれたね．釣りのときも連れてってくれて，釣り方を教えてくれた．魚釣りには辛抱が大事だって，その時ビーニィに習ったよ．川にはたくさんアカハラやウグイがいたし，マスやカワカマスが針にかかることもあった．ウナギを捕えたこともあったが，この時はわしは初めはおっかなくなり，次にはウナギが堤の上で跳ねまわるのでどきどきした．でもビーニィがしっかりつかまえて上手にさばき，母がウナギ・パイを作ってくれた．兄

2. 水門で(翻訳)

貴は川の魚のことは何でも知っていたし,川に棲む小さい生き物のことも心得ていた.カワエビやヒルをつかまえて見せてくれた——「ほら見てごらん.こいつらはどこかに行きたいとクローケーのゲートみたいに体を曲げるんだぜ」と兄は言った.それからイサゴ虫の水中の小さい巣も教えてくれた.日曜のお三時に用いるための上等なクレソンの採れる場所を知っていた.あの頃はね,川で採ったクレソンをそのまま食べられたんだよ.

家には川に浮べる古いボートがあり,ビーニィはそれで上流まで出かけ,父さんに代って川の堤を調べに行ったもんだった.堤はいつも丈夫にしておく必要があった.もし亀裂があると水がもれ,水車を動かす水力が低下するからだ.ビーニィはボートに犬のジェスを乗せて連れて行ったが,わしのこともよく連れて行ってくれた.川の堤にあるカワセミの巣のありかを教えられるのは兄貴ぐらいのものだったと思う.いやあ,ビーニィは鳥に詳しかった.水門の下のれんが積みの所にあったヒタキの巣を見せてくれたこともあったな.水が波立ってうなり声をあげている所より少し上の場所だった.ボートに乗っていた時,カワウソが前方の水中にいるのを教えてくれたこともあった.あの時は,ジェスが追っかけて行かないようにわしが首輪を抑えたよ.

泳ぎを教えてくれたのもビーニィだった.ある夏,こんなに暑いのは記憶にないと皆が言っていたほど暑かった.ビーニィは下の川にもっと水を流すように水門を開きに行った.ジェスが兄貴に従っていた.兄貴がわしにも目くばせをするものだから,どうしてか分からないままに,わしもついて行

227

った．いつものように，兄さんの背丈ほどもある鉄のスパナで水門を開いた．それから下の川に出来た淵に降りて行った．そこの水位を調べるのかと思ったら，降りながら小麦粉で白くなったチョッキのボタンを外しにかかった．淵に着くまでに素裸になっていて，さっと飛びこんだ．びしょびしょに濡れた髪の毛をおでこにはりつけて水から首を出し，「さあ，チビ公，泳ぎを教えてやろう」とわしに声をかけた．ジェスは堤にすわってわしらを見ていた．

ジェスは元来おやじの犬だったんだけど，ビーニィにすごくなついていた．ビーニィを愛していたと思う．誰だってビーニィを愛していたし，兄貴は誰にでもやさしかったな．とくにわしにはよくしてくれた．めったにないのだが，ほんの数回，「チビ，今日は兄さんはひとりで行くぞ」と言うこともあった．こういう時はわしも，連れてってなどとせがまぬだけの分別があったさ．兄貴はジェス以外は誰も連れずに川の堤を散歩していた．ひとりで行動すると言っても，何か特別なことをやっていたのではないと思う．川と川の堤だけで満足だったんだろうな．

兄貴はまだガールフレンドをつくる年齢にはなっていなかったんだ．異性関係が生じれば，きっと事情は少し変っていたかも知れんよ．それはとにかく，戦争に行かなくてすむほど子供ではなかった．1914 年に大戦が始まり，わしはまだがきだったが，兄貴は出征して行った．

ビーニィがいなくなるとさびしかった．しかしさびしいなんていうよりもっと困った事態だったのだ．わしは子供でよく理解できなかったけれど，今振り返ってみると，困った事

2. 水門 で(翻訳)

情が分かるな．家中がびくついていた．両親は暗い顔をし，何となくこそこそ隠しごとをしているみたいだった．何しろうんと大勢の若者たちが前線で戦死していたからな．村のあちこちの家で息子の戦死の通報があった．連絡はいつも電報で届くのだった．おやじとおふくろが戦死や電報のことをこそこそと話し合っているのをわしは盗み聞きした．姉さんたちやわしのいるところでは黙っていたがね．一度なんか午前10時頃おふくろがビーニィのベッドの側でひざまずいて祈っているのを目撃した．

という次第だから，ビーニィが休暇で無事帰宅した時はみんな大喜びだった．

でも久し振りに会った兄貴は以前とは別人になっていたよ．家族みんなによくしてくれたけど，どこか違う．わしと前みたいに遊んでくれないんだ．まるでわしが目に入らないみたいに，こっちを見ていることさえあったな．そんな時わしが「ビーニィ！」と叫んで抱きつきに行くと，まるで目が覚めたみたいに，はっとしていたよ．それからにこにこして前みたいにやさしくしてくれるんだ．でも前よりもずっと何回もひとりで川の堤に出て行き，お供はジェスだけだった．おふくろは休暇の間じゅう，できるものなら常に兄貴を自分の側に置いておきたがっていたけれど，兄貴がそんな風にひとりで出て行くのを見ると，溜息をついていたものだ．あの子には川の堤を散歩するのがよいことだわね，とおふくろがおやじに話しているのを一度耳にしたよ．まるでビーニィが何か変な病気にかかっているような言い方で気になったな．一度姉さんの誰かが戦地とか塹壕のことを尋ねたんだ．すると兄

229

貴はあれこれ喋り出し、わしらは面白がって耳を傾けていた。ところが急に口を閉じてしまい、「これは嘘だ。本当は地獄だよ」と言うのだ。そしてまたひとりで緑色の静かな堤に行ってしまった。兄貴にとって戦地が地獄だとすれば、川の堤は天国だったのだろうな。

ビーニィの休暇が終ると製粉所はまた陰気になった。ビーニィの手助けがないのでおやじは無理して働かなくてはならなかった。とくに水門の開閉に関しては、少し前からビーニィがおやじから引き継いでいた。夜に水門の開閉が必要になった時など、おやじとビーニィがいつも一緒に出かけるようになっていた。おふくろは、ビーニィが出征してしまってからおやじひとりで夜に水門に出かけて行くのをとても心配していた。おやじがすべって川にはまりはしないか気がかりだったのだ。もちろん、おやじは泳げたけれど、暗い所でひとりだと、どんな事故が起こるか知れたものでないと、おふくろは思っていた。おふくろか、姉さんの一人がついて行くなんて、おやじは絶対に許さなかったし、わしはまだ幼くて使いものにならないと思われていたよ。こいつはしゃくにさわった。

ところで、ある季節に雨がばかに少なくて川の水位が下がってしまった。水車に充分な水量が入るように水門はずっと閉じられたままだった。ところがある日、地平線に濃い雨雲がわき始め、おやじはきっと降り出すと言った。でも降らなかった。遠くで一日中雷鳴がゴロゴロ鳴っていた。夕方になってから降り出し、ずっと降り続けた。おやじはせきを開きに一度水門に出かけた。戻ってくると暖炉の前で体をかわか

2. 水門で（翻訳）

していた．雨は窓を激しくたたきつけた．「こんなひどい雨ってないわね」とおふくろは言ったよ．おふくろも姉さんたちもおやじと一緒に起きていた．わしも，もう寝ろと言われたけれど，まだ起きていた．あんなすごい雨の音がしたんじゃ，誰だって寝られたもんじゃない．

突然嵐が一段と激しくなってきた．頭上に雷が落ちるような音がした．階段の上の明り採りの天窓のガラスがその音でメリメリと割れてしまい，姉さんたちはそこから流れこむ雨水を受けるためにバケツを急いで持っていった．奇妙なことに，おふくろは被害の様子を見に行かなかった．おやじと一緒にいて，オオヤマネコのように監視していた．おやじもまた天窓のことなど気にも掛けずにあちこちそわそわと歩き回っている．そのうちに突然，やはり水門まで行ってくると言い出した．たまった水を全部下の川に流すようにせきを開かなくちゃならないというのだった．おふくろが恐れていたのもこのことだった．あたしは絶対反対ですよ，とおふくろは言い張ったけれど，おふくろ自身反対は無駄だと分かっていたんだ．おやじはまた防水ジャケットをつけ石油ランプと太い棒を手にした．棒なんか持ってどうするつもりだったか分からなかったが，おそらくおやじ自身も分からなかったのだろう．ジェスは雨に濡れるのが嫌いだったけれど，父について出かけた．おふくろは裏口から父の出かける姿を眺めていて，嘆いたり，気をつけて下さいよと言ったりした．戸口から数歩行くか行かないうちに，父の姿は降りしきる雨にさえぎられてもう見えなくなってしまった．

おふくろが裏口でぐずぐずしていたのがわしにとってチャ

第5章 長文を味わう

ンスだった．長靴をはいて防水カッパをひっかけると（わし
は子供だったけど無鉄砲じゃなかったよ），わしは玄関から
さっと飛び出し，家の影に身を隠しながら裏手に廻った．そ
れからおやじが川に向かった道に出て雨の中を突っ走った．
おやじとジェスが水門に行く道に曲りかけた時に丁度追いつ
いた．わしがジェスの尻尾をつかまえてしばらくしてから，
ようやくおやじはわしに気づいた．もちろんすごく叱られた
けど，そうかと言って，わしを家まで連れ戻しはしなかった
し，ひとりで追い帰すこともしなかった．もしかすると心の
奥では，こんな夜のことだから，わしのようなチビでも人が
そばにいるのを喜んだのかも知れない．そういうわけでわれ
われ三人は一緒に水門まで苦労してたどりついた．水門のす
ぐそばで木の幹と流木の山との間にわしのために雨宿りする
場所を探してくれた．そこにわしはジェスを相手にしゃがん
で待っていた．

わしは幼いので水門の仕事は何も手伝えなかったけれど，
一つだけわしでもやれることがあった．石油ランプを持ち上
げて，光が水門とおやじのやっている手元を照らすように命
じられた．明りは，一つには豪雨のせいもあって，とても薄
暗かったけれど，全然ないよりはましだったし，どっちみち
おやじは水門は手さぐりでも扱えた．もしかすると，わしに
一生懸命やるような仕事を与えておけば，子供でも嵐をこわ
がらないですむというおやじの配慮だったのかも知れないな．

何しろ嵐のあの夜には，こわがるようなことがたくさんあ
った．

明りがおやじの手元を照らすようにと苦心していると自然

2. 水 門 で(翻訳)

におやじに注意を向け続けることになった．大きなスパナを持ち上げてぴしっとはめようと大変骨を折っている姿が目に焼きついた．次におやじはスパナを用いてせきを開こうとしはじめたのだが，風も雨もとても激しいものだからものすごく苦労していた．一度などは体がよろめいてもう一歩のところで真っ黒な川の中にのみこまれそうになった．その時はわしは雨宿りの場所から飛び出して手を貸したくなった．でもおやじは絶対にそんなことはしないようにと言っていたし，その通りなのは分かっていた．

まだ少年に過ぎないわしの目から見ても，おやじひとりではあの嵐の中で水門の調節は無理なようだった．おやじの動きをじっと眺めているとそれが分かったよ．年齢的にも働き盛りを過ぎたところだったし，雨と風がおやじよりまさっていたし，川がおやじをのみこんでしまうかも知れなかった．

わしは明りを持つ手がゆれないように頑張り，ジェスの首輪をにぎっていた．神に祈っていたと思う．

あの時はすっかりおびえていたので，もっと後に落着いた時になっても，あの時自分の目が何を見たのか，あるいは何を見たと思ったのか，あるいは何を見たと想像したのか，確信が持てなかった．嵐の混乱の中でわしはおやじが努力を重ね，よろめくのを見ていたわけだが，じっと目をこらしているうちに目がぼやけて物が二重に見えるようになってきたんだ．だもんで，おやじひとりの姿を見ている時もあったし，時には二人の人がそこにいるように思えたこともあった．おやじの側におやじの分身のような影があるように思えた．影の男はおやじを支え一緒にスパナを持ち上げて作業をした．

第5章 長文を味わう

遂に力を合わせてせきを開き，あふれた水を下流に流すのに成功したよ．

作業がすっかり片付くとおやじはジェスとわしの待っている所に戻って来て，しばらく木にもたれていた．苦しそうに息をしていて精魂尽きた感じだったよ．それに顔の表情に何とも説明できないような奇妙なものが浮んでいた．おやじの顔から判断して，おやじもわしの見たのと同じ影の男が自分を手助けしてくれたのに気づいていたのは確実だった．それにジェスも興奮していて，抑えているわしの手をワンワンほえながら振りほどこうとした．

わしはおやじの立っている先を見た．すると水門のあたりにまだ何かがいるような気がした．おやじからはもう離れてまだ水門のあたりにじっとしている影のようなものだ．あんな暗さの中でわしによく見えたと不思議な気がする．よく分からない．おやじはゆっくりと振り返り，わしの視線の向かっている方を見た．影の男は次第に水門を離れて，水門の向うの川の長い堤にのぼって行き，そこの暗闇の中に消えた．影の男が進むにつれて雨と風が少しおさまるように思えた．

ジェスはわしの手を振り払い，水門を通り越し，影の男を追って川の堤にあがって行った．わしはジェスを止めようともしなかったし，ひとことも発しなかったが，おやじは「いいから行かせてやんな」とわしに言った．見上げると，おやじの顔には雨だけでなく涙が流れていた．

おやじはわしの手を取り，わしらは嵐の中をようやく家に帰った．家全体の明りがついていた．わしらが帰って来やすいようにという配慮だったのだろう．おふくろは裏口を開い

2. 水門 で(翻訳)

たままにして，そこに立って待っていた．わしとおやじの姿を見ると，おののいたように叫び声をあげた．それからおやじの顔を見て，おふくろの顔もまっさおになった．おやじはおふくろのふところにしがみつき，さめざめと泣いた．あの夜まで大人が泣くなんて知らなかったな．おふくろはおやじを家の中に連れて行った．二人がどんなことを話し合ったのか知らない．わしの世話は姉さんたちがやってくれた．体を乾かし，こごとを言い，それから寝かしつけてくれたよ．

次の日，ビーニィがフランダースで戦死したという電報が届いた．

それからしばらくしてジェスが帰って来た．体はびしょ濡れで，おふくろはきっと病気だよ，と言った．何しろ暖炉のそばでがたがたふるえて座りこみ，二日間何ひとつ食べようともしないし，何も飲まなかった．おやじは，「ほっておいてやんな」とだけ言った．

わしは今では老人だ．これはずっと昔の出来事だけど，兄貴のビーニィのことは一度も忘れたことはないよ．わしらみんなにそれはやさしかったんだ．

3.『イシ』序文

　イギリスの水夫アレクサンダー・セルカークの実話が，ダニエル・デフォーによって小説化されて『ロビンソン・クルーソー』として世に出たのはずいぶん以前のことだった．難破して無人島に打ち上げられた水夫が，山羊皮を身にまとい，何年も何年もひとりぽっちで浜辺をさまよい歩く．……ところがある日，突然，自分のものではない人の足跡を発見するのだ．これは忘れ難い描写である．

　クルーソーが新入りの漂流者に出会い，「未開人」だと知ると，その男に英語のあだ名——「しもべのフライデー」——をつけ，召使い扱いする．二人は結局救出されて，人が住み，都会のある世界に戻れるのだが，そこはクルーソーの世界であって，フライデーの世界ではない．

　イシの物語はクルーソーの物語を逆にしたようなものである．イシの物語は 1961 年の初版以来，アメリカ人の心を強く捉えてきた．無人島のクルーソーの姿よりも，道徳的な意味合いにおいて，イシの姿のほうがアメリカ人の心に強く迫るものがある．クルーソーの孤独は海での嵐という自然力の猛威によってもたらされたのであったが，イシの場合は，同じ人間である筈の白人の卑劣な集団の残虐行為によるのだから．イシは，皆殺しにされた部族の最後の生き残りとして，家族の惨死を悲しみつつ何年間もひっそりと身を隠して暮らしていた．その間に彼の周囲では侵入した白人の町や農園が

3.『イシ』序文（翻訳）

次々に出来ていったが，彼は足跡を一つも残さなかった．山の中にまだ「未開人」「野生インディアン」が生存しているのをさとられぬようにと，一歩あるくごとに足跡を掃いて消していたのである．何という孤独であったことか！　クルーソーの味わったよりもずっと悲痛な孤独である．

けれども，彼が孤独で悲惨な暮しにもはや耐えられなくなって白人の世界に迷い出て来た時，彼の見出したのは，皮肉なことに，覚悟していた死ではなく，思いやりと友情と理解であった．そして「未開」から連れ出されると，すぐに近代都市の真中で残りの生涯を送ることになった．

イシは有史前の石器時代とあわただしく工業化した二十世紀の間に横たわる巨大な溝をたった一歩で跨いでしまったのである．その一歩は品位のあるもので，人間としての尊厳を少しも失わぬものであった．この事実からも，「文明」と「未開」の間に存在するといわれる溝は，実は単に無知と偏見と恐怖心の溝に過ぎぬことが判明する．

彼がサンフランシスコの人類学博物館で暮らした5年間，イシは有名人であり，いわば観光客が見物に来る天然記念物のようなものであった．けれども1916年に亡くなった後は，イシの協力によってヤナ族の言語その他の情報を研究した人類学者や言語学者を除けば，彼の物語は人びとの記憶から薄らいでいった．直接イシと接触のあった人たちが生存している間にイシの物語を，専門家だけでなく一般人のために書き残しておこうという考えがようやく関係者の頭に浮んだのは，1950年代になってからだった．

私の父で人類学者のアルフレッド・クローバーは，イシを

第 5 章 長文を味わう

もっとも親しく知っていた人物の一人であったけれど，イシの物語を執筆するのを望まなかった．その理由はよくは知らない．父が私たち子供にイシの話をしたという記憶はない．イシのことを初めて耳にしたのは，両親が，父の同僚で以前からイシについての資料を集めていたロバート・ハイツァーと伝記執筆の相談を始めた時だった．どうして父がイシのことを口にしたがらなかったか，私には想像がつくような気がする．一番大きな理由は心の痛みであろう．1900年にカリフォルニアにやって来た父は，無数のインディアンの部族や個人が破滅させられ殺されるのを目撃せねばならなかったに違いない．カリフォルニア原住民の言語，暮らし方，知恵などについての情報を，大量殺戮が完了する以前に，少しでも多く蒐集するというのが，何年にもわたる父の仕事であり，このため父は殺戮の目撃者となったのだ．ナチによるユダヤ人大量殺戮に等しいインディアン撲滅の生き残りであるイシは，父の親しい友人かつ教師になった．それなのに，それから僅か5年後に結核——これまた白人からインディアンへの死の贈物である——で死亡する．どれほどの悲しみや怒りや責任感に父は悩んでいたことだろう！　イシの遺体を解剖するという話があった時，父が「科学研究のためとかいう話が出たら，科学なんか犬にでも食われろ，と私の代りに言ってやりなさい．われわれは自分らの友人の味方でありたいと思います」と記したことで，父の苦悩は明白に理解できる．イシの死後40年経っても，イシの物語を語ろうと試みるならば，あのやり場のない怒りがまたこみ上げてくる——父は，そのように信じていたのかもしれない．

3.『イシ』序文（翻訳）

　実際にイシの物語を書くことになったのは，私の母シオドーラ・クローバーであった．母はイシにじかに会ったことがないので，父の味わった激しい感情を直接感じなくて済んだのだ．執筆中，母は父の助力を仰いでいたが，本の出版を見ずに父は他界した．カリフォルニア征服の身の毛のよだつ物語を語り，人間が「文明，進歩，明白な天命」の美名のもとに行う悪事を再確認するというのは，母にとって困難で時間を要する仕事であった．しかし母は，ひるむことなく，客観性を重んじ，しかも深い共感をこめてイシの物語を語った．イシその人も母の仕事に協力したと思う．彼の寛大で聡明な精神が暗い道を進む母の行く手を明るく照らしてくれたのであろう．本書の読者にもイシは同じようなことをしてくれていると思う．

　『イシ』はベストセラーとなり，今では万人の書となっている．本書が力となって，アメリカ西部史に関する人びとの考え方は変化したし，また，一個のヒューマン・ドキュメントとして無数の読者を感動させてきた．『イシ』を世に送ってから亡くなるまで，母のもとには読者から感謝の手紙が届いたが，そのほとんどすべてに「読んで泣きました……」と記されていた．それは理不尽な殺戮への恥の涙というだけでなく，悲惨さの中で美しいものに出会った喜びの涙だと思う．

　イシの足は「幅広で頑丈，足の指は真直ぐできれいで，縦および横のそり具合は完璧で」あった．注意深い歩き方は優美で，「一歩一歩は慎重に踏み出され……まるで地面の上をすべるように足が動く」のであった．この足取りは侵略者が長靴をはいた足で，どしんどしんと大股に歩くのとは違って，

239

地球という共同体の一員として，他の人間や他の生物と心を通わせながら軽やかに進む歩き方だ．イシが今世紀の孤島の岸辺にたった一つ残した足跡は——もしそれに注目しようとしさえすれば——おごり高ぶって，勝手に作り出した孤独に悩む今日の人間に，自分はひとりぼっちではないのだと教えてくれることだろう．

4. サミング・アップ(抜粋)

16章

　自分の落度が他人の落度よりもずっと許しやすいように思えるというのは，ちょっと見ると奇妙である．その理由を考えてみると，自分がまずいことをした場合，その時の事情などをすべて知っているものだから，他人には許せないことでも，自分の場合はどうにか大目に見られるというのであろう．自分自身の欠点からは目をそらし，何か都合の悪い出来事のために欠点に注目しなくてはならない時には，苦もなく許してしまうのである．おそらくそうするのは誤っていないだろう．というのも，欠点といえどもそれは自分の一部であり，人は自分の中にある良い面も悪い面も合わせて受け入れるべきだからだ．けれども人は他人を判断する段になると，判断の基準となるのは本当の自分の姿ではなく，自分について抱いた理想像なのである．理想像を描くとき人は自分の虚栄心を傷つけるものとか，世間に知られたら信用を落とすような点はすべて除外してしまっているのである．些細な例を挙げてみよう．誰かが嘘をついているのを見つけようものなら，いかにも軽蔑した態度を取りがちである．しかし一度も嘘をついたことがない，いやそれどころか百度の嘘でもついたことがないと言いうる人がどこにいようか．また偉い人たちが弱虫でけちだったとか，不正直であったり，自己中心的で性的に悪者だったとか，虚栄心が強いとか大酒飲みだったとか，

判明すると人はショックを受ける．大衆が英雄視している人の欠点を人々の前に暴くのは恥ずべきことだと考えている人は多い．しかし人間同士の間に大きな差異はないのだ．誰もかれも偉大さと卑小さ，美徳と悪徳，高貴さと下品のごたまぜである．中には性格の強い者だとか機会に恵まれた者もいて，何らかの方向で自分の天分を充分に発揮した者もいるだろうけれど，潜在的には人はみな同じなのだ．私自身について言えば，大多数の人より良くも悪くもない人間だと心得ているが，もし生涯でなしたすべての行為と，心に浮んだすべての考えを書き記したとしたら，世間は私を邪悪な怪物だと思うことだろう．

　自分が心の中で考えていることを反省するならば，誰でも他人を非難する図々しさを持ち合わせるはずがないと私は思う．われわれの人生の大部分は夢想で占められており，想像力が豊かな人ならば，夢想は多彩でなまなましいものになるだろう．自分の夢想している内容が自動的に記録され，目の前に示されたとしたら，それに耐えられる人は何人くらいいるだろうか．きっと恥ずかしくてたまらなくなるだろう．これほどまでに下劣で，邪悪で，けちで，身勝手で，好色で，スノッブで，虚栄心が強くて，感傷的であるなんて——そんなのは嘘だ，と叫んでしまうことだろう．けれども夢想は行動と同じようにわれわれの一部であり，われわれの心の奥をご存じの方が存在しているとすれば，われわれは行動についてと同じく夢想についても責任を取らされても仕方がないだろう．人間は自分の頭に浮んでいるいまわしい考えを忘れ，他人にそういうものを発見すると立腹するのである．ゲーテ

4. サミング・アップ(翻訳)

は「詩と真実」の中で、自分の父がフランクフルトの中産階級の弁護士であるのを考えると、いやでいやでたまらなかったと述べている。自分の血管には高貴の血が流れているべきだと思った。そこで彼は、どこかの国の王子がフランクフルトを旅していてゲーテの母と会い恋におち、その結果自分が生まれたのだと考えようとした。私が読んだ版の編者はこの点に関して腹立たしそうに注をつけていた。貴族の私生児だという出生を誇らんがために貞淑な母に不倫の罪を着せるなど、大詩人にあるまじきことだとこの編者は考えたのである。もちろん恥ずべき行為だけれど、そう不自然ではないし、敢えて言えば、そう異常でもないと私は思う。ロマンチックで反抗心も想像力も強い少年なら、自分はあの退屈で世間体ばかり気にする父の息子なんかであるはずはないという空想を、一度や二度はもてあそんだことがあるにちがいない。少年たち自らの認める優秀な資質は、無名の詩人、あるいは大政治家、あるいは現役の君主(少年の個性によって変わるわけだが)などの血を受け継いでいるせいだと空想する。ゲーテの晩年のオリンポスの神々のような超然とした態度は私に尊敬心を起こさせるが、「詩と真実」にある告白はもっとあたたかい感情をひきおこす。偉大な作品が書けるからといって、やはり人間であることには変わりないのだ。

　聖人が善行をつみ、悔い改めによって過去の罪をつぐなった後もなお心を悩ませることがあったのは、おそらく、こういうみだらな、よごれた、卑しい、身勝手な考えが、自分の意志に反して、心に巣食っていたからであろう。よく知られているように、聖イグナチウス・ロヨラはモンセラ修道院に

243

行き，すべてをざんげして罪の赦免を与えられた．ところが
その後も罪の意識に悩まされ続けて自殺の寸前まで追いこま
れたのであった．回心前の彼は当時の良家の青年としてはご
く普通の生活を送った．自分の容貌を少し鼻にかけていたし，
女遊びやばくちもやった．しかし少なくとも一回だけ，稀に
見る寛大さを示したことがあったし，常に高潔で，誠実で，
気前よく，勇敢であった．もし心の平和がざんげの後も与え
られなかったとすれば，頭に浮ぶ妄想を自らに許しえなかっ
たからであろう．聖人でさえもこのように悩まされるのだと
知ると，慰めになる．この世のお偉方がいかにも威厳ありげ
な様子で威儀を正して座っている姿などを見ることがあると，
こんな瞬間ああいう連中はひとりでいる時にどんな妄想をい
だくかを思い出すのだろうかとか，潜在意識下に巣食う秘密
を思い出して不安にならないのだろうかと私はよく想像して
みた．こういう妄想がすべての人に共通なのだという認識は
他人に対しても自分に対しても寛大な気持を起こさせるはず
だと思う．そう認識することで，仲間の人間たちを，どれほ
ど名高い人も立派な人さえも，ユーモアの気持で眺められる
ようになり，さらに，自分自身のこともあまり生真面目一方
に考えないようになれるのなら，とても結構だと私は思う．
判事席の裁判官がいかにも熱をこめて訓戒をたれているのを
聞いた時，彼らは言葉からうかがわれるほど完全に自分の人
間らしさを忘れてしまうのが可能なのかと考えてみたことが
ある．中央刑事裁判所の判事閣下が判事席の花束のかたわら
に，一束のトイレット・ペーパーを置いておけばよいのに，
と思ったものだ．自分も世間の人と同じ人間なのだというこ

とを思い出すきっかけになるだろうから．

17 章

　私は皮肉屋だと言われてきた．人間を実際よりも悪者に描いていると非難されてきた．そんなことをしたつもりはない．私のしてきたのはただ，多くの作家が目を閉ざしているような人間の性質のいくつかを際立たせただけだ．人間を見ていて，私が最も感銘を受けたのは，その首尾一貫性の欠如していることだと思う．私は首尾一貫した人など一度も見たことがない．同じ人間の中にとうてい調和できぬ諸性質が存在していて，それにもかかわらず，それらがもっともらしい調和を生み出している事実に，私は驚いてきた．相互に一致できぬように思える諸性質がどうして同一人物の中に共存しうるのか，何度も思案してみた．自分を犠牲にすることのできる悪党とか，温和な気立てのコソ泥とか，もらったお金に相当する正当な報いを客に与えるのを名誉をかけた信条としている売春婦とか，そういう人たちを私は知っている．私の思いつく唯一の説明はこうだ．人間はだれしも自分はこの世の中でほかにたぐいのない存在であり，特権があるのだという確信を本能的に有しているために，自分のすることは，他人にとってはどれほど誤ったことだとしても，自分にとっては，当たり前で正しいとは言わぬまでも，少なくとも許されるべきだと感じるのであろう，ということである．人間の中に見つけた矛盾は私に興味を起こさせたけれど，それを不当に強調したとは思っていない．これまで私の受けてきた非難は，ひょっとすると，私が自分の描いた人物にある悪い点をはっ

きりと非難せず,それでいて良い点をほめたためなのかもしれない.他人の罪に対して,それが私個人に影響が及ばぬかぎりはひどくショックを受けることがなく,影響がある場合でも,それをたいてい許すすべを結局身に付けたが,これは私の欠点であるに違いない.他人に多くを期待しないのが適切である.他人が自分を親切に遇してくれたら感謝し,逆に意地悪されても平然としている——それがよいのだ.アテネの客が言ったように,「人間はだれでも自分の欲望のおもむくところと生来の魂のあり方によって,だいたいその人柄が決められるものなのだから」である.物事を自分自身の立場以外からは見られないというのは想像力の不足のためであるけれど,他人がこの想像力を欠いているというので腹を立ててみても始まらない.

仮に私が人間の短所のみ見て,長所に対して盲目であるとしたならば,非難されても甘んじて受けてもいい.しかし,私はそんな非難に該当するとは思えない.善良さより美しいものはこの世に存在しないし,普通の基準によれば容赦なく糾弾されるような人間の中にどんなにたくさん善良さがあるかを示すのは,私には大きな喜びであった.私はこの目でその存在を確認したので,それを示したのだ.その善良さは,そういう人たちにあっては,暗い罪に取り囲まれているので,いっそう光り輝くことがあるのだと私には思えた.私は善人の善良さは当然視し,彼らの短所なり悪徳なりを発見するとおもしろがるのだ.逆に,悪人の善良さを発見したときには感動してしまって,その邪悪に対しては,寛大な気分で肩をすくめるだけにしてやろうと思う.私は人間仲間の番人では

4. サミング・アップ(翻訳)

ない。仲間の人間を裁(さば)くような気持にはなれない。彼らを観察するだけで満足だ。私の観察によれば，概して言うと，善人と悪人の間には世の道徳家がわれわれに信じ込ませたがっているほどの差異が存在しないという結論になる。

　私は概して人間を額面通りに受け取ったことはない。人を見る目のこういう冷たさが先祖から受け継いだ遺伝なのかどうか分からない。先祖は成功した法律家だったが，見掛けにだまされぬだけの抜け目なさがもしなかったらとうてい成功しなかったと思われる。あるいは人と会ったとき嬉しくて夢中になるような性質が私に欠けているせいかも知れない。世の中には嬉しさのあまりすぐ人を買い被る人も大勢いる。とにかく私の冷たさが医学生だったことで助長されたのは確かだ。とくに医者になりたかったというのではなかった。作家以外のものにはなりたくなかったけれど，そう言い出すには私は内気すぎたし，いずれにせよ，あの頃はまともな家庭の18歳の少年が文学を職業として選ぶなどというのはとても珍しい話だった。それはあまりにも途方もない考えだったので誰かに打ち明けようなどとは夢にも思わなかった。ずっと以前から法律家になるものと思いこんでいたけれど，考えてみれば，私と年の離れた三人の兄たちが全部法律家だったのだから，私までが割りこむ余地などあろうとは思えなかった。

本書は 1994 年 3 月,岩波書店より刊行された.

英文快読術

2003年3月14日	第1刷発行
2021年4月15日	第10刷発行

著 者　行方昭夫(なめかたあきお)

発行者　岡本　厚

発行所　株式会社　岩波書店
　　　　〒101-8002　東京都千代田区一ツ橋2-5-5
　　　　案内 03-5210-4000　営業部 03-5210-4111
　　　　https://www.iwanami.co.jp/

印刷・精興社　製本・中永製本

© Akio Namekata 2003
ISBN 4-00-602069-4　　Printed in Japan

岩波現代文庫創刊二〇年に際して

二一世紀が始まってからすでに二〇年が経とうとしています。この間のグローバル化の急激な進行は世界のあり方を大きく変えました。世界規模で経済や情報の結びつきが強まるとともに、国境を越えた人の移動は日常の光景となり、今やどこに住んでいても、私たちの暮らしは世界中の様々な出来事と無関係ではいられません。しかし、グローバル化の中で否応なくもたらされる「他者」との出会いや交流は、新たな文化や価値観だけではなく、摩擦や衝突、そしてしばしば憎悪までをも生み出しています。グローバル化にともなう副作用は、その恩恵を遥かにこえていると言わざるを得ません。

今私たちに求められているのは、国内、国外にかかわらず、異なる歴史や経験、文化を持つ「他者」と向き合い、よりよい関係を結び直してゆくための想像力、構想力ではないでしょうか。

新世紀の到来を目前にした二〇〇〇年一月に創刊された岩波現代文庫は、この二〇年を通して、哲学や歴史、経済、自然科学から、小説やエッセイ、ルポルタージュにいたるまで幅広いジャンルの書目を刊行してきました。一〇〇点を超える書目には、人類が直面してきた様々な課題と、試行錯誤の営みが刻まれています。読書を通した過去の「他者」との出会いから得られる知識や経験は、私たちがよりよい社会を作り上げてゆくために大きな示唆を与えてくれるはずです。

一冊の本が世界を変える大きな力を持つことを信じ、岩波現代文庫はこれからもさらなるラインナップの充実をめざしてゆきます。

(二〇二〇年一月)

岩波現代文庫[文芸]

B328 冬の蕾 ―ベアテ・シロタと女性の権利―
樹村みのり

無権利状態にあった日本の女性に、男女平等条項という「蕾」をもたらしたベアテ・シロタの生涯をたどる名作漫画を文庫化。〈解説〉田嶋陽子

B329 青い花
辺見庸

男はただ鉄路を歩く。マスクをつけた人びとが彷徨う世界で「青い花」の幻影を抱え……。災厄の夜に妖しく咲くディストピアの "愛" と "美"。現代の黙示録。〈解説〉小池昌代

B330 書聖 王羲之 ―その謎を解く―
魚住和晃

日中の文献を読み解くと同時に、書作品をつぶさに検証。歴史と書法の両面から、知られざる王羲之の実像を解き明かす。

B331 霧の犬 ―a dog in the fog―
辺見庸

恐怖党の跋扈する異様な霧の世界を描く表題作のほか、殺人や戦争、歴史と記憶をめぐる終わりの感覚に満ちた中短編四作を収める。終末の風景、滅びの日々。〈解説〉沼野充義

B332 増補 オーウェルのマザー・グース ―歌の力、語りの力―
川端康雄

政治的な含意が強調されるオーウェルの作品群に、伝承童謡や伝統文化、ユーモアの要素を読み解く著者の代表作。関連エッセイ三本を追加した決定版論集。

2021.4

岩波現代文庫［文芸］

B323 可能性としての戦後以後
加藤典洋
〈解説〉大澤真幸

戦後の思想空間の歪みと分裂を批判的に解体し大反響を呼んできた著者の、戦後的思考の更新と新たな構築への意欲を刻んだ評論集。

B324 メメント・モリ
原田宗典

死の淵より舞い戻り、火宅の人たる自身の半生を小説的真実として描き切った渾身の作。懊悩の果てに光り輝く魂の遍歴。

B325 遠い声
――管野須賀子――
瀬戸内寂聴

大逆事件により死刑に処せられた管野須賀子。享年二九歳。死を目前に胸中に去来する、恋と革命に生きた波乱の生涯。渾身の長編伝記小説。〈解説〉栗原康

B326 一〇一年目の孤独
――希望の場所を求めて――
高橋源一郎

「弱さ」から世界を見る。生きるという営みの中に何が起きているのか。著者初のルポルタージュ。文庫版のための長いあとがき付き。

B327 石の肺
――僕のアスベスト履歴書――
佐伯一麦

電気工時代の体験と職人仲間の肉声を交えアスベスト禍の実態と被害者の苦しみを記録した傑作ノンフィクション。〈解説〉武田砂鉄

2021.4

岩波現代文庫［文芸］

B318 振仮名の歴史　今野真二

「振仮名の歴史」って？ 平安時代から現代まで続く「振仮名の歴史」を辿りながら、日本語表現の面白さを追体験してみましょう。

B319 上方落語ノート　第一集　桂米朝

上方落語をはじめ芸能・文化に関する論考・考証集の第一集。「花柳芳兵衛聞き書」「ネタ裏おもて」「考証断片」など。
〈解説〉山田庄一

B320 上方落語ノート　第二集　桂米朝

名著として知られる『続・上方落語ノート』を文庫化。「落語と能狂言」「芸の虚と実」「落語の面白さとは」など収録。
〈解説〉石毛直道

B321 上方落語ノート　第三集　桂米朝

名著の三集を文庫化。「先輩諸師のこと」「不易と流行」「天満・宮崎亭」「考証断片・その三」など収録。〈解説〉廓正子

B322 上方落語ノート　第四集　桂米朝

名著の第四集。「考証断片・その四」「風流昔噺」などのほか、青蛙房版刊行後の雑誌連載分も併せて収める。全四集。
〈解説〉矢野誠一

2021.4

岩波現代文庫［文芸］

B313 惜櫟荘の四季　佐伯泰英

惜櫟荘の番人となって十余年。修復なった後も手入れに追われ、時代小説を書き続ける毎日が続く。著者の旅先の写真も多数収録。

B314 黒雲の下で卵をあたためる　小池昌代

誰もが見ていて、見えている日常から、覆いがはがされ、詩が詩人に訪れる瞬間。詩人は詩をどのように読み、文字を観て、何を感じるのか。〈解説〉片岡義男

B315 夢十夜　近藤ようこ漫画/夏目漱石原作

こんな夢を見た――。怪しく美しい漱石の夢の世界を、名手近藤ようこが漫画化。描き下ろしの「第十一夜」を新たに収録。

B316 村に火をつけ、白痴になれ　伊藤野枝伝　栗原 康

結婚制度や社会道徳と対決し、貧乏に徹しわがままに生きた一〇〇年前のアナキスト、伊藤野枝。その生涯を体当たりで描き話題を呼んだ爆裂評伝。〈解説〉ブレイディみかこ

B317 僕が批評家になったわけ　加藤典洋

批評のことばはどこに生きているのか。その営みが私たちの生にもつ意味と可能性を、世界と切り結ぶ思考の原風景から明らかにする。〈解説〉高橋源一郎

2021.4

岩波現代文庫[文芸]

B307-308 赤い月(上・下)　なかにし礼

終戦前後、満洲で繰り広げられた一家離散の悲劇と、国境を越えたロマンス。映画・テレビドラマ・舞台上演などがなされた著者の代表作。〈解説〉保阪正康

B309 アニメーション、折りにふれて　高畑勲

自らの仕事や、影響を受けた人々や作品、苦楽を共にした仲間について縦横に綴った生前最後のエッセイ集、待望の文庫化。〈解説〉片渕須直

B310 花の妹　岸田俊子伝 ―女性民権運動の先駆者―　西川祐子

京都での娘時代、自由民権運動との出会い、政治家・中島信行との結婚など、波瀾万丈の生涯を描く評伝小説。文庫化にあたり詳細な注を付した。〈解説〉和崎光太郎・田中智子

B311 大審問官スターリン　亀山郁夫

自由な芸術を検閲によって弾圧し、政敵を粛清した大審問官スターリン。大テロルの裏面と独裁者の内面に文学的想像力でせまる。文庫版には人物紹介、人名索引を付す。

B312 声の力 ―歌・語り・子ども―　河合隼雄　阪田寛夫　谷川俊太郎　池田直樹

童謡、詩や絵本の読み聞かせなど、人間の肉声の持つ力とは？　各分野の第一人者が「声」の魅力と可能性について縦横無尽に論じる。

2021.4

岩波現代文庫［文芸］

B301-302 またの名をグレイス（上・下）
マーガレット・アトウッド
佐藤アヤ子訳

十九世紀カナダで実際に起きた殺人事件を素材に、巧みな心理描写を織りこみながら人間存在の根源を問いかける。ノーベル文学賞候補とも言われるアトウッドの傑作。

B303 塩を食う女たち
——聞書・北米の黒人女性——
藤本和子

アフリカから連れてこられた黒人女性たちは、いかにして狂気に満ちたアメリカ社会を生きのびたのか。著者が美しい日本語で紡ぐ女たちの歴史的体験。〈解説〉池澤夏樹

B304 余白の春
——金子文子——
瀬戸内寂聴

無籍者、虐待、貧困——過酷な境遇にあって自らの生を全力で生きた金子文子。獄中で自殺するまでの二十三年の生涯を、実地の取材と資料を織り交ぜ描く、不朽の伝記小説。

B305 この人から受け継ぐもの
井上ひさし

著者が深く関心を寄せた吉野作造、宮沢賢治、丸山眞男、チェーホフをめぐる講演・評論を収録。真摯な胸の内が明らかに。〈解説〉柳広司

B306 自選短編集 パリの君へ
高橋三千綱

売れない作家の子として生を受けた芥川賞作家が、デビューから最近の作品まで単行本未収録の作品も含め、自身でセレクト。岩波現代文庫オリジナル版。〈解説〉唯川恵

2021.4

岩波現代文庫［文芸］

B296 三国志名言集
井波律子

波瀾万丈の物語を彩る名言・名句・名場面の数々。調子の高さ、響きの楽しさに、思わず声に出して読みたくなる！ 情景を彷彿させる挿絵も多数。

B297 中国名詩集
井波律子

前漢の高祖劉邦から毛沢東まで、選び抜かれた珠玉の名詩百三十七首。人が生きることの哀歓を深く響かせ、胸をうつ。

B298 海うそ
梨木香歩

決定的な何かが過ぎ去ったあとの、沈黙する光景の中にいたい——。いくつもの喪失を越えて、秋野が辿り着いた真実とは。
〈解説〉山内志朗

B299 無冠の父
阿久悠

舞台は戦中戦後の淡路島。「生涯巡査」の父をモデルに著者が遺した珠玉の物語が文庫に。父親とは、家族とは？〈解説〉長嶋有

B300 実践 英語のセンスを磨く
——難解な作品を読破する——
行方昭夫

難解で知られるジェイムズの短篇を丸ごと解説し、読みこなすのを助けます。最後まで読めば、今後はどんな英文でも自信を持って臨めるはず。

2021.4

岩波現代文庫[文芸]

B291 中国文学の愉しき世界

井波律子

烈々たる気概に満ちた奇人・達人の群像、壮大にして華麗なる中国的物語幻想の世界！中国文学の魅力をわかりやすく解き明かす第一人者のエッセイ集。

B292 英語のセンスを磨く
――英文快読への誘い――

行方昭夫

「なんとなく意味はわかる」では読めたことにはなりません。選りすぐりの課題文の楽しく懇切な解読を通じて、本物の英語のセンスを磨く本。

B293 夜長姫と耳男

坂口安吾原作
近藤ようこ漫画

長者の一粒種として慈しまれる夜長姫。美しく、無邪気な夜長姫の笑顔に魅入られた耳男は、次第に残酷な運命に巻き込まれていく。【カラー6頁】

B294 桜の森の満開の下

坂口安吾原作
近藤ようこ漫画

鈴鹿の山の山賊が出会った美しい女。山賊は女の望むままに殺戮を繰り返す。虚しさの果てに、満開の桜の下で山賊が見たものとは。【カラー6頁】

B295 中国名言集 一日一言

井波律子

悠久の歴史の中に煌めく三六六の名言を精選し、一年各日に配して味わい深い解説を添える。毎日一頁ずつ楽しめる、日々の暮らしを彩る一冊。

2021.4

岩波現代文庫［文芸］

B283 漱石全集物語
矢口進也

なぜこのように多種多様な全集が刊行されたのか。漱石独特の言葉遣いの校訂、出版権をめぐる争いなど、一〇〇年の出版史を語る。〈解説〉柴野京子

B284 美は乱調にあり ――伊藤野枝と大杉栄――
瀬戸内寂聴

伊藤野枝を世に知らしめた伝記小説の傑作が、文庫版で蘇る。辻潤、平塚らいてう、そして大杉栄との出会い。恋に燃え、闘った、新しい女の人生。

B285-286 諧調は偽りなり（上・下） ――伊藤野枝と大杉栄――
瀬戸内寂聴

アナーキスト大杉栄と伊藤野枝。二人の生と闘いの軌跡を、彼らをめぐる人々のその後とともに描く、大型評伝小説。下巻に栗原康氏との解説対談を収録。

B287-289 口訳万葉集（上・中・下）
折口信夫

生誕一三〇年を迎える文豪による『万葉集』の口述での現代語訳。全編に若さと才気が溢れている。〈解説〉持田叙子（上）、安藤礼二（中）、夏石番矢（下）

B290 花のようなひと
佐藤正午
牛尾篤画

日々の暮らしの中で揺れ動く一瞬の心象風景を〝恋愛小説の名手〟が鮮やかに描き出す。秀作「幼なじみ」を併録。〈解説〉桂川潤

2021.4

岩波現代文庫［文芸］

B278 ラニーニャ
伊藤比呂美

あたしは離婚して子連れで日本の家を出た。心は二つ、身は一つ……。活躍し続ける詩人の傑作小説集。単行本未収録の幻の中編も収録。

B279 漱石を読みなおす
小森陽一

戦争の続く時代にあって、人間の「個性」にこだわった漱石。その生涯と諸作品を現代の視点からたどりなおし、新たな読み方を切り開く。

B280 石原吉郎セレクション
柴崎聰編

石原吉郎は、シベリアでの極限下の体験を硬質にして静謐な言葉で語り続けた。テーマ別に随想を精選、詩人の核心に迫る散文集。

B281 われらが背きし者
ジョン・ル・カレ
上岡伸雄訳
上杉隼人訳

恋人たちの一度きりの豪奢なバカンスがマフィアの取引の場に！ 政治と金、愛と信頼を賭けた壮大なフェア・プレイを、サスペンス小説の巨匠ル・カレが描く。〈解説〉池上冬樹

B282 児童文学論
リリアン・H・スミス
石井桃子訳
瀬田貞二訳
渡辺茂男訳

子どものためによい本を選び出す基準とは何か。児童文学研究のバイブルといわれる名著が、いま文庫版で甦る。〈解説〉斎藤惇夫

2021.4